# 최강 동물 백과

우리 주변에는 상상 이상으로 신기하고 다양한 동물들이 있어요. 위험에 처하면 눈에서 피를 발사하는 뿔도마뱀과 끈적이는 내장을 집어 던지는 해삼, 발의 뼈를 부러뜨려 적을 공격하는 울버린개구리 등 믿을 수 없을 만큼 신기한 동물들이 많지요. 극한의 추위가 몰아치는 북극과 남극, 한 치 앞도 안 보이는 깊은 바닷속, 뜨거운 태양이 내리쬐는 적도 지방 등에서 똑똑하게 적응해 살아가는 동물들도 많고요. 지금보다 훨씬 더 오래된 옛날에는 어마어마하게 큰 동물들도 많았답니다. 고대에 지구를 지배했던 무시무시한 공룡과 어류들, 그리고 현재 우리와 함께 살아가는 다채로운 동물들까지 흥미진진한 동물 왕국이 펼쳐질 거예요. 지금부터 재미있는 동물의 세계로 떠나 볼까요?

# Contents

**고대** 생물 • 6-41

**신기한** 동물들 • 42-77

**무시무시한** 자연 • 78-113

**놀라운** 자연 • 114-149

찾아보기 • 150

# 고대 생물

한때 지구는 거대하고 무시무시한 생물들이 지배했어요. 커다란 이빨과 꼬리, 턱과 발톱으로 무장했던 고대 생물들을 만나 볼까요!

| | |
|---|---|
| 심해 생물 | 8 |
| 사람보다 더 큰 곤충 | 10 |
| 괴물 같은 물고기 | 12 |
| 공룡을 잡아먹는 악어 | 14 |
| 육식 동물의 왕 | 16 |
| 하늘의 주인 | 18 |
| 바다의 사냥꾼 | 20 |
| 육지에서 가장 큰 공룡 | 22 |
| 공룡 챔피언 | 24 |
| 날지 못할 정도로 커다란 새들 | 26 |
| 외떨어진 동물의 섬 | 28 |
| 거대 동물 사파리 | 30 |
| 무시무시한 뱀 | 32 |
| 남아메리카를 지배한 고대 동물들 | 34 |
| 압도적인 몸집의 매머드 | 36 |
| 상어 Vs. 고래 | 38 |
| 빙하기를 이겨 낸 멸종 동물들 | 40 |

◀ 스피노사우루스는 지금까지 발견된 육식 공룡 중 머리부터 꼬리까지의 길이가 가장 긴 공룡이에요. 이 포식자는 백악기(1억 1200만~9700만 년 전)에 살았고, 등에는 돛 모양의 긴 뼈가 튀어나와 있었어요. 피부 정맥을 지탱했던 것으로 보이는 이 돛 모양의 돌기는 체온 조절과 몸집을 더 크게 보이게 하는 역할을 했던 것 같아요.

# 심해 생물

30억 년 넘는 아주 먼 과거에 지구의 해양에 있는 생명체들은 작고 미세한 입자였어요. 이후 서서히 진화하면서 이 생물들은 생존을 위해 경쟁을 해야 했고, 차츰 몸집이 거대해졌지요. 그 결과 대략 4억 5000만 년 전부터 최초의 초대형 해양 생물들이 바다를 누비게 되었답니다.

▼ 2007년에 독일에서 발굴된 거대한 발톱 화석으로 야이켈롭테루스의 전체 크기를 가늠할 수 있었어요. 이 거대한 발톱은 먹이를 사냥하는 데 쓰였을 것으로 추정되지요.

## 거대한 바다전갈

오늘날의 전갈은 대부분 사막에서 살고 길이가 15센티미터를 넘지 않아요. 그러나 데본기 (4억 1900만~3억 5900만 년 전)에 살았던 광익류(고대의 절지동물)로 알려진 바다전갈 야이켈롭테루스는 약 30배나 더 컸답니다. 야이켈롭테루스의 몸길이는 2.5미터가 넘었고, 집게 길이만 90센티미터나 되었어요. 초기의 광익류들은 염수(바닷물처럼 소금기가 있는 물)에서 살다가 이후에 민물로 이동했어요. 그들은 거미류에 속했지만, 현대의 투구게와 더 가까운 친척이랍니다.

▼ 현대의 대왕조개는 여기저기 떠돌아다니는 방랑자예요. 하지만 크기가 작은 어린 시절에만 돌아다니고, 더 자라면 햇살이 비치는 산호초 지역에 자리를 잡고 그곳에 머무르며 몸집을 불려 나간답니다.

약 51센티미터에 이르는 야이켈롭테루스의 발톱은 여러분의 팔과 손을 합한 길이보다 더 길어요.

## 거대한 조개

현재 조개류 중 가장 큰 것은 길이 1.3미터인 대왕조개예요. 그런데 대왕조개도 고대의 플라티케라무스에 비하면 아주 작은 거랍니다. 지름 3미터인 플라티케라무스의 껍데기는 지금의 가장 큰 조개보다 거의 3배 더 컸어요. 하지만 대왕조개의 껍데기보다 얇고 깨지기 쉬웠기 때문에 무게는 덜 나갔을 거예요.

▼ 고대의 암모나이트인 파라푸조시아는 약 8~10개의 촉수를 가지고 있었고, 각각의 길이는 어린아이의 팔 길이보다 길었어요.

## 놀라운 암모나이트

문어와 오징어의 친척뻘인 암모나이트는 커다란 눈과 뱀처럼 생긴 촉수를 가지고 있었어요. 촉수로는 먹이를 잡았지요. 대부분이 사람의 손보다 컸답니다. 특히 파라푸조시아는 가장 나중에 진화한 암모나이트 중 하나로, 길이가 3미터가 넘었고 무게 1.4톤(자동차보다 무거운)에 달했으며 몸의 절반 가량은 커다란 껍데기 속에 들어 있었어요.

## 거대한 촉수

앵무조개류는 또 다른 해양 포식자 집단이었어요. 암모나이트류와 비슷했지만, 길쭉하고 폭이 점점 가늘어지는 아이스크림콘 모양의 거대한 껍질을 가지고 있었어요. 4억 8500만~4억 4300만 년 전인 오르도비스기에 살았던 카메로케라스는 가장 큰 앵무조개류로, 길이가 6미터나 되었답니다. 카메로케라스는 비치볼 크기의 눈을 가지고 있었고, 2미터 길이의 위협적인 촉수는 당시 거의 모든 생물을 먹잇감으로 삼을 수 있는 무기가 되어 주었지요.

▲ 카메로케라스의 껍질 길이는 현재의 백상아리 길이와 비슷했어요.

## 심해 거대증

오늘날의 가장 큰 무척추동물(등뼈가 없는 동물)은 대왕오징어예요. 그들은 아주 깊은 바닷속에서 살고 있지요. 생물학자들의 기록에 의하면, 수면 아래 깊은 곳에서 사는 해양 생물들은 매우 거대한 경우가 많아요. 일례로 백악기에 살았던 투소테우티스는 촉수를 포함한 길이가 11미터나 되는 매우 큰 생물이었답니다.

▶ 대왕오징어는 오늘날의 거대 해양 생물이에요. 근육질의 촉수에는 꿈틀거리는 먹이를 잡기에 좋은 커다란 빨판이 달려 있어요.

# 사람보다 더 큰 곤충

바다에서와 마찬가지로 육지에서도 작은 생물들이 먼저 생겨났어요. 최초로 물을 벗어난 곤충처럼 생긴 생물은 4억 년 전에 나타났고, O←이 안에 들어갈 만큼 작았답니다. 이후 시간이 흐를수록 몸집이 점점 더 거대해졌어요. 몸집이 클수록 살아남는 데 더 유리했기 때문이지요. 그렇게 거대해진 벌레들은 석탄기 (3억 5900만~2억 9900만 년 전)의 덥고 습한 숲에서 기어 다니고, 날고, 활공하며 살았어요. 당시 숲의 식물들 중 일부는 지금보다 200배나 더 컸답니다.

이름: 아르트로플레우라
생존 시기: 3억 년 전
크기: 전체 길이 2.5미터 이상
식성: 무시무시한 생김새와는 달리 주로 식물을 먹었음
서식지: 나뭇잎 사이, 양치류나 썩은 식물 사이

## 다리가 가장 많은 벌레

지금껏 지구상에서 가장 큰 무척추동물은 현재의 노래기와 관련이 있는 아르트로플레우라예요. 이 거대한 벌레는 성인 남성의 키보다 더 길게 자랐고, 농구공보다 더 큰 머리를 가지고 있었답니다. 아르트로플레우라는 약 30개의 마디로 이루어져 있었고, 각각의 마디에는 튼튼한 껍질과 두 쌍의 다리가 있었어요. 덕분에 숲속 바닥을 빠르게 기어 다닐 수 있었을 거예요.

이름: 풀모노스코르피우스
생존 시기: 3억 3000만 년 전
크기: 머리에서 꼬리 끝까지 76센티미터
식성: 곤충, 벌레, 달팽이, 작은 양서류, 초창기의 파충류 등
서식지: 나무 크기의 식물들과 양치식물이 자라는 숲의 건조한 고지대

## 거대한 전갈

지구 역사상 가장 큰 육지 전갈 중 하나는 풀모노스코르피우스예요. 지금의 전갈 종에 비해 크기가 매우 컸으며, 침의 크기는 성인의 손 크기와 비슷했어요. 아쉽게도 화석만으로는 풀모노스코르피우스가 강력한 독을 가지고 있었는지는 알 수 없어요. 오늘날의 전갈들은 약 5~8센티미터 정도로 크기가 훨씬 작지만 강력한 독침을 가지고 있답니다.

## 날아다니는 커다란 곤충

메가네우라와 메가네우롭시스는 커다란 잠자리처럼 생겼지만, 사실상 잠자리는 아니에요. 그리핀플라이라 불리는 오늘날 잠자리들의 조상뻘이지요. 그들은 날아다니는 곤충들 중 가장 컸을 뿐만 아니라, 지금까지도 역사상 가장 큰 곤충들로 기록되어 있어요. 페름기 초기 (2억 9900만~2억 7100만 년 전)에 살았던 메가네우롭시스는 날개를 펼친 길이가 51센티미터나 되는 거대한 초식 곤충인 고망시목을 재빨리 잡아채 먹어 치우는 강력한 포식자였답니다.

**이름**: 메가네우롭시스
**생존 시기**: 2억 9000만 년 전
**크기**: 머리부터 몸 끝까지의 길이 46센티미터 날개를 펼친 길이 76센티미터 등
**식성**: 식물을 먹는 벌레, 바퀴벌레 등 초창기의 날아다니는 곤충들
**서식지**: 페름기 초기 건조한 기후의 양치류와 속새류(줄기에 마디가 있으며 바늘 모양의 작은 잎이 아래에 돌려나는 식물)로 이루어진 숲

## 고대 곤충들은 왜 그렇게 컸을까?

3억 5900만~2억 9900만 년 전인 석탄기에는 거대하고 징그러운 벌레들이 살고 있었어요. 이 시기의 산소 농도는 지금보다 훨씬 더 높았답니다. 오늘날이 21%인 데 비해 그때는 30% 이상이었지요. 현재의 곤충들은 기문이라는 기관을 통해 공기가 자연스럽게 몸 안팎을 드나드는 구조로 되어 있어요. 석탄기의 곤충들은 더 긴 기관으로 풍부한 산소를 전달받을 수 있었을 거예요. 어쩌면 이것이 고대 곤충들이 현재의 곤충들보다 더 컸던 이유일지도 몰라요.

**이름**: 에우포베리아
**생존 시기**: 2억 9000만 년 전
**크기**: 30~90센티미터
**식성**: 곤충, 벌레, 연체동물, 작은 양서류, 초기 파충류
**서식지**: 석탄기 후기 늪지대의 건조한 낮은 언덕

## 다리가 너무 많아!

역대 가장 큰 지네는 에우포베리아일 확률이 높아요. 하지만 화석을 통해 알게 된 생물이라 그것이 진짜 지네인지, 아니면 노래기나 다른 크고 징그러운 벌레인지 정확히 알 수는 없습니다. 에우포베리아로 추정되는 어떤 화석은 길이가 30센티미터에 불과했어요. 그것은 어린 개체였을 것으로 여겨지는데 다 자랐다면 3배 더 길었을 거예요.

# 괴물 같은 물고기

오늘날 바다에 살고 있는 어류 중에서 가장 큰 물고기는 바로 고래상어랍니다. 최대 길이 약 12미터, 무게는 20톤이나 되지요. 백상아리는 육식성 어류 중 가장 크고, 길이 6미터에 무게는 2톤에 달해요. 그런데 선사 시대에는 이보다 더 큰 생물들이 살았어요. 고대의 바다는 훨씬 더 거대한 물고기의 서식지였답니다.

고대 바닷속 ➡

## 무시무시한 이빨

둔클레오스테우스는 플래커덤, 즉 판피강(최초로 턱에 뼈가 생겨난 어류)에 속하는 원시 어류예요. 오래전에 멸종되어 지금은 찾아볼 수 없는 이 어류는 크고 구부러진 방패 같은 턱을 가지고 있었어요. 이빨 모양의 턱으로 먹이를 잡아먹었지요. 둔클레오스테우스는 해양 척추동물 가운데 최상위 포식자 중 하나였어요.

◀ 둔클레오스테우스의 턱 힘은 평균 5300뉴턴으로 추정되는데, 현재 가장 강력한 턱 힘을 자랑하는 악어보다 훨씬 더 강력했어요.

◀ 둔클레오스테우스는 거대한 백상아리보다 2배나 더 컸어요. 길이 11미터, 무게 4톤에 달하는 크기였거든요.

▶ 화석으로 남은 크시팍티누스의 화석을 보면 마지막 먹이로 1.8미터 길이의 물고기를 통째로 삼켰다는 것을 알 수 있어요!

## 바다의 날쌘돌이

크시팍티누스는 백상아리와 무시무시한 싸움을 할 정도로 강력했어요. 이 바다 괴물은 길이가 6미터였고, 현대의 가장 큰 담수어(민물에서 사는 물고기) 중 하나인 아라파이마와 관련이 있어요. 크시팍티누스는 시간당 최대 64킬로미터의 속도로 이동할 수 있었기 때문에 먹잇감을 쉽게 앞질렀을 거예요. 시간당 40킬로미터의 속도로 헤엄치는 거대한 백상아리도 따라잡을 수 있었을 거고요.

### 튼튼한 턱뼈

둔클레오스테우스는 이빨이 없었어요. 대신 이빨과 비슷한 모양으로, 얇고 날카롭게 끝이 좁아지는 형태의 턱뼈를 가지고 있었지요. 비슷한 크기의 물고기는 물론 거대한 물고기까지 잡아먹을 수 있을 만큼 튼튼한 턱뼈였어요. 어쩌면 종족끼리 잡아먹었을지도 몰라요.

## 거대한 연골어류

리드시크티스는 고대에 살았던 가장 큰 해양 물고기예요. 그러나 몸의 많은 부분이 물렁한 뼈(연골)로 되어 있어서 화석을 통해 알 수 있는 것이 많지 않았어요. 2013년에 한 연구팀이 화석을 연구한 후에 이 거대한 물고기의 최대 길이가 16미터에 이르며 무게는 24톤 이상이라고 발표했지요. 고래상어와 비슷한 리드시크티스의 동굴 같은 입은 물에서 플랑크톤과 다른 작은 생물들을 걸러내는 기능을 했답니다.

▼ 리드시크티스의 거대한 입은 욕조 25개를 가득 채운 정도의 많은 물을 머금을 수 있었어요.

리드시크티스라는 명칭은 1886년 영국 피터버러 근처에서 처음으로 그 잔해를 발견한 영국의 화석 수집가 알프레드 리즈의 이름에서 따온 거예요.

## 나선형 톱니

수년 동안 전문가들은 둥근 톱 모양의 희한한 화석을 두고 분석하느라 애를 먹었어요. 지름이 30센티미터가 넘고 120개 이상의 뼈 같은 것이 튀어나온 모양이었지요. 2013년 마침내 더 많은 화석이 발견되었고, 의학 CT 스캐너를 통해 놀라운 진실이 밝혀졌어요. 이 화석은 '나선형 톱'을 의미하는 헬리코프리온의 것으로, 전기회전톱상어라고도 불리는 거대한 연골어류의 이빨이었답니다. 헬리코프리온은 최대 5미터까지 자랐어요.

▼ 헬리코프리온의 이빨은 시간이 지날수록 바깥쪽으로 더 큰 새 이빨이 나오고 오래된 이빨은 가운데로 몰리는 식으로 자랐어요.

# 공룡을 잡아먹는 악어

1억 4400만~1억 년 전인 백악기 전기에는 거대한 초식 공룡들이 지구를 누비며 살았어요. 이 커다란 공룡들은 그늘진 얕은 늪에 숨어 살던 거대 파충류인 고대 악어 사르코수쿠스를 포함한 다른 포식자 공룡들의 좋은 먹잇감이었답니다.

## 늪지대였던 사하라

오늘날 사하라 사막은 몹시 건조하고 메말라 일반적인 악어 서식지와는 정반대의 모습이에요. 그런데 발견된 화석을 보면 백악기 초기 사하라 사막에는 물고기, 양서류 및 수중 생물이 살았다는 사실을 알 수 있지요. 강둑, 얕은 웅덩이, 습지에서 자라던 식물의 화석도 발견되었고, 심지어 모래와 진흙에 남아 있는 잔물결 무늬를 통해 해류의 방향과 속도도 가늠해 볼 수 있었답니다. 이 고대 습지의 포식자가 바로 사르코수쿠스였어요.

오늘날 악어의 한 과에 속하는 가비알과 비슷한 형태의 끝이 부푼 모양의 주둥이

윗니가 아래턱보다 더 아래까지 내려옴

▶ 사르코수쿠스의 매우 길고 가는 턱은 옆으로 휘두르면서 미끄러운 먹이를 잡기에 알맞았어요.

▼ 오늘날의 악어처럼 사르코수쿠스도 육지 활동이 가능했어요. 그래도 아마 물속에서 훨씬 더 움직이기 좋았을 거예요.

- 두개골 길이 약 1.8미터
- 이빨 개수 120개 이상
- 몸무게 약 8톤
- 길이 약 12미터

## 화석 발견

**1867년 브라질**
커다란 악어 이빨 화석이 발견됨

**1869년 미국**
발견된 악어 이빨로 크로코딜루스 하르티라는 이름이 붙여짐

**1907년 미국**
크로코딜루스 하르티가 고니오폴리스 하르티로 재분류됨

**1949년, 1950년대 아프리카**
악어류로 추정되는 다양한 화석들이 발견됨

**1957년 알제리 중부, 튀니지 남부, 니제르 북부**
악어의 이빨로 확인됨

**1964년 니제르 북부**
거의 완전한 형태의 두개골 화석 발견

**1966년 프랑스 파리**
사르코수쿠스 임페라토르로 공식 명명됨

**1977년 유럽**
고니오폴리스 하르티 화석이 사르코수쿠스 하르티로 재분류됨

전문가들은 악어의 뼈에서 해마다 형성되는 성장 고리를 조사해 악어의 나이를 알아낼 수 있어요. 화석을 연구해 사르코수쿠스의 수명이 60년 이상이었다는 것도 알 수 있었지요.

▼ 화석을 통해 2.7톤 무게의 거대한 공룡인 오우라노사우루스가 사르코수쿠스의 먹이였음을 짐작할 수 있었어요.

## 뛰어난 사냥꾼

사르코수쿠스는 아마도 현재의 악어와 비슷한 방식으로 사냥을 했을 거예요. 물가에 조용히 엎드려서 먹잇감이 물을 마시러 오기를 기다렸겠지요. 그러곤 잔물결이 일지 않도록 살며시 먹이 쪽으로 미끄러지듯 다가가 위로 솟구쳐 오르며 먹이를 낚아챘을 거예요.

길고 가는 턱

**1997년**
**니제르**
더 크고 완전한 형태의 사르코수쿠스 임페라토르 화석이 발견됨

## 현대의 거대한 악어

사하라 사막 동쪽 끝자락에는 세계에서 두 번째로 긴 강인 나일강이 흘러요. 지구에서 두 번째로 큰 파충류인 나일악어의 이름이 그 강에서 비롯되었지요. 나일악어의 몸길이는 사르코수쿠스의 절반에 불과한 6미터랍니다. 1톤에 이르는 몸무게에, 아프리카 대륙에서 단연코 가장 큰 포식자인 나일악어는 가까이 다가오는 얼룩말, 물소를 비롯해 어린 코끼리까지도 잡아 익사시킬 수 있어요. 또한 매년 200명이 넘는 사람을 사망에 이르게 한다고 해요. 그렇다면, 사르코수쿠스는 얼마나 더 대단했을까요!

◀ 나일악어는 몸 전체가 물 밖에 다 나올 정도로 높게 뛰어올라요. 그러니 하늘을 나는 새도 완벽히 안전하다고 볼 수 없지요.

# 육식 동물의 왕

티라노사우루스 렉스는 거의 한 세기 동안 가장 큰 육지 포식자로 여겨졌던 역사상 가장 유명한 공룡 중 하나랍니다. 그런데 만만치 않은 경쟁을 벌였던 다른 거대 공룡들이 있었다는 사실이 최근 몇 년 사이 밝혀졌어요. 백악기(1억 4500만~6600만 년 전)의 더 큰 육식 공룡들이 이제 티라노사우루스의 왕좌를 넘보고 있지요.

**티라노사우루스 렉스**
길이 : 12.2미터
몸무게 : 6.8톤
생존 시기 : 6600만 년 전

**기가노토사우루스**
길이 : 13.1미터
몸무게 : 7.4톤
생존 시기 : 9700만 년 전

## 왕좌를 빼앗기다!

티라노사우루스 렉스는 1905년에 세계적으로 유명한 그 이름을 얻었어요. 현재까지 알려진 표본은 30점이 넘으며, 그중 가장 큰 표본은 '수'라는 명칭의 화석이에요. 이 놀랍도록 온전하고 거대한 화석은 1990년 미국 사우스다코타에서 발굴되었고, 발견자인 수 헨드릭슨의 이름을 따서 명명되었어요. 티라노사우루스의 이빨은 가장 길고 아마도 가장 강한 공룡 이빨들 중 하나일 거예요. 최대 23센티미터의 길이에 휘어져 있고 두꺼웠어요.

## 왕좌를 노리는 남아메리카 공룡

기가노토사우루스는 1995년 기계공이자 화석 사냥꾼인 루벤 카롤리니가 아르헨티나에서 발견한 화석의 이름을 따서 명명되었어요. 이 중요한 발견으로 티라노사우루스의 왕좌가 위협받게 되었지요. 기가노토사우루스의 화석은 이 공룡이 긴 두개골, 크게 벌어진 입, 날카로운 이빨, 강력한 턱, 비교적 작은 앞발, 두껍고 강한 뒷다리와 꼬리를 가지고 있다는 것을 보여 주었어요.

**스피노사우루스**
- 길이: 15미터
- 몸무게: 8.1톤
- 생존 시기: 9700만 년 전

스피노사우루스의 등뼈는 높이가 1.8미터에 달했고 돛은 더블침대 2개와 비슷한 크기였어요.

**카르카로돈토사우루스**
- 길이: 12.8미터
- 몸무게: 7.7톤
- 생존 시기: 9300만 년 전

## 새로운 강자인 아프리카 공룡

1925년에 북아프리카 알제리에서 공룡 화석이 발견되었어요. 독일의 화석 전문가 에른스트 스트로머는 이 화석이 백상아리의 조상 카르카로돈의 이빨과 유사하다는 이유로 1931년에 카르카로돈토사우루스로 화석 이름을 지정했어요. 1990년대에 모로코와 니제르에서 더 큰 표본이 발견되었고, 카르카로돈토사우루스는 역대 가장 큰 육지 포식자의 왕관을 놓고 기가노토사우루스와 경쟁하게 되었답니다.

## 새로운 왕은 누구?

스피노사우루스의 화석은 1912년 이집트에서 처음 발견되었어요. 하지만 이 공룡이 육식 동물계의 왕이었음을 확인시켜 준 것은 1990년대와 2000년대에 발견한 비교적 최근의 화석들이에요. 이후로도 알제리, 튀니지, 모로코 등 북아프리카 전역에서 이 무시무시한 포식자의 화석이 추가로 발견되었지요. 스피노사우루스의 두개골은 악어의 주둥이처럼 길었고, 원뿔 모양의 이빨을 가지고 있었어요. 물고기 잔해가 화석과 함께 발견된 것으로 보아 비늘이 있는 생물도 먹잇감으로 삼았던 것으로 보여요.

# 하늘의 주인

하늘을 나는 동물 중 역대 가장 큰 동물은 공룡 시대의 익룡이에요.
파충류로 분류되는 익룡은 이후 제각각 '새'로 진화했지요. 대부분 털이 있고
온혈 동물(일정한 체온을 유지할 수 있는 동물)이었을 것으로 추정돼요.
아주 작은 것부터 어마어마하게 큰 것까지 다양한 크기의 익룡들은
당시 꽤나 번성했던 동물 집단이었답니다.

케찰코아틀루스의 명칭은 중앙아메리카의 깃털 달린 뱀 모습의 신 케찰코아틀의 이름을 따서 1975년에 지어졌어요. 케찰코아틀루스는 6800만 년 전에 살았고, 날개폭은 11미터로 현대의 4인승 비행기와 비슷한 크기였지요. 무게는 200킬로그램으로, 승객 4명의 몸무게와 맞먹을 만큼 무거웠어요. 다른 익룡들처럼 강한 날갯짓을 할 수 있었지만, 큰 덩치 때문에 대체로 상승 기류를 타고 날았을 것으로 추정된답니다.

▶ 대부분의 익룡들처럼 케찰코아틀루스도 뼈가 공기로 채워져 있어서 거대한 몸과 날개의 무게를 줄일 수 있었어요.

◀ 트로페오그나투스 두 마리가 물고기를 두고 허공에서 실랑이를 벌이고 있어요.

## 먹이를 낚아채기에 좋은 턱

트로페오그나투스의 화석은 1980년경 남아메리카 브라질의 산타나 층(화석이 많이 발견되기로 유명한 곳)에서 발견되었어요. 트로페오그나투스의 날개 길이는 8.2미터로 정말 거대했어요. 이름은 '방향타 턱'이라는 뜻으로, 기다란 주둥이 끝에 볼록 튀어나온 돌기가 있어 방향타 구실을 했을 것으로 보아 붙여진 이름이에요. 가지런하고 뾰족한 이빨은 물고기와 오징어를 잡기에 꼭 알맞았어요. 트로페오그나투스는 바다 표면을 스쳐 지나가듯 날면서 먹이를 찾아내 커다란 턱으로 낚아챘을 거예요.

◀ 하체곱테릭스는 2.4미터가 넘는 거대한 두개골을 가지고 있었어요.

## 루마니아의 거대한 익룡

하체곱테릭스의 화석은 루마니아의 트란실바니아에서 발견되어 2002년에 이름이 정해졌어요. 두개골 조각과 상완골 등 극히 일부만 발견되었지만 익룡인 것은 확실했지요. 이 화석들은 케찰코아틀루스와 비슷해 같은 종으로 분류될 수도 있을 테지만, 날개 길이가 12미터에 달해 케찰코아틀루스보다 훨씬 더 컸던 것으로 보여요. 만일 이것이 사실로 확인된다면, 하체곱테릭스는 가장 거대한 익룡으로 기록될 거예요. 하체곱테릭스는 '하체그의 날개'라는 뜻으로, 화석이 발견된 지역의 명칭을 딴 것이랍니다. 하체곱테릭스는 케찰코아틀루스와 비슷한 시기인 백악기 후기에 살았어요.

◀ 익룡의 날개는 손과 손가락의 뼈가 지탱하고 있어요. 특히 네 번째 손가락뼈가 유독 길지요.

## 최근의 발견

익룡이 거대한 몸으로도 하늘을 날 수 있는 이유 중 하나는 뼈가 매우 가볍고 얇기 때문이에요. 하지만 연약한 뼈는 자연에서 쉽게 분해되기 때문에 화석으로 잘 남지 않아요. 그래서 익룡의 잔해는 많이 남아 있지 않습니다. 최근에 발견된 것은 알란카의 화석으로, 2010년에 턱뼈 몇 조각과 하나의 목뼈(등뼈)가 발굴되었어요. 날개폭은 대략 6미터랍니다.

## 육지에서도 살았을까?

과학자들은 케찰코아틀루스와 하체곱테릭스 같은 거대 익룡의 생활 방식을 오랫동안 궁금해했어요. 분명 공중에서 꽤 많은 시간을 보냈을 텐데도 앞다리와 뒷다리가 유난히 튼튼하고 강력해 보였기 때문이에요. 이런 점을 바탕으로 거대한 익룡들이 어떻게 살았는지에 대한 새로운 의견이 제기됐어요. 어쩌면 익룡들은 거대한 날개를 접고 육지에서도 많은 시간을 보냈을지 몰라요. 그렇게 성큼성큼 걸어 다니며 자신이 좋아하는 먹이를 사냥해 먹었을 수 있지요. 그러곤 몸을 웅크렸다가 공중으로 높이 날아올랐을 테고요.

# 바다의 사냥꾼

공룡 시대(중생대, 2억 5200만~6600만년 전)의 가장 주목할 만한 포식자들이 바로 해양 파충류에 속하는 수장룡과 해룡 및 어룡이에요. 당시 해양을 누비던 최대 몸집의 사냥꾼들 중 일부가 이들이었거든요. 그중에서도 크기가 가장 큰 종들은 그런 독보적인 몸집에 이르기 위해 먹이를 사냥하고 잡아먹는 나름의 기술을 갖추고 있었답니다.

## 샤스타사우루스

샤스타사우루스는 눈 바로 앞에 있는 주둥이 아래의 구멍 두 개를 통해 숨을 쉬었어요. 이 거대한 어룡은 2억 1000만 년 전에 살았어요.

## 이빨이 없는 사냥꾼

길이 21미터, 몸무게 49톤의 어룡 샤스타사우루스는 화석으로 발견된 것들 중 가장 큰 해양 파충류예요. 어룡 치고는 특이하게도 길고 가는 턱에 이빨이 없었어요. 아마 오징어 같은 몸이 부드러운 먹이를 힘차게 빨아 먹었던 것 같아요. 샤스타사우루스는 다른 모든 해양 파충류들처럼 공기를 마시기 위해 규칙적으로 수면 위로 올라와야 했을 거예요.

## 크로노사우루스

크로노사우루스는 약 3미터에 달하는 거대한 머리를 가지고 있었고, 머리 길이 전체에 턱이 걸쳐져 있는 모습이었어요. 1억 1500만 년 전에 살았지요.

## 무시무시한 송곳니

발견된 많은 화석을 통해 잘 알려져 있는 플리오사우루스(짧고 굵은 목과 거대한 머리가 특징인 수장룡) 중에서 크로노사우루스는 가장 큰 공룡 중 하나였어요. 크로노사우루스의 무시무시한 이빨은 30센티미터까지 자랐고, 절반 정도는 턱뼈에 고정되어 있었어요. 전체 몸길이는 10미터, 몸무게는 15톤에 달했지요. 화석은 남반구, 그중에서도 주로 오스트레일리아와 남아메리카 콜롬비아에서 발견되었어요.

## 긴 목의 암살자

목이 몸 전체 길이의 절반을 차지하는 수장룡 엘라스모사우루스가 어떻게 먹이를 사냥했는지에 대해 전문가들은 논쟁을 벌였어요. 오래된 이론에 따르면 엘라스모사우루스는 수면 가까이에서 머리를 높이 쳐들고 있다가 작살을 내리꽂듯 이빨로 먹이를 물었을 거라고 했어요. 새로운 이론은 엘라스모사우루스가 수면 아래에 도사리고 있다가 위쪽으로 솟아오르며 사냥을 했을 것이라는 주장이지요. 이 사냥꾼의 길이는 14미터, 무게는 2톤이었어요.

## 엘라스모사우루스

8000만 년 전에 살았던 엘라스모사우루스는 아마도 몸길이가 1미터도 안 되는 물고기와 오징어 같은 작은 먹이를 공격했을 거예요.

## 바뀌는 생각들

1760년대에 발견된 모사사우루스의 화석은 과학적 사고의 변화에 중요한 계기가 되었어요. 화석 전문가인 바론 조르주 퀴비에(1769~1832)는 모사사우루스가 물고기나 고래가 아닌 파충류라는 사실을 알아냈어요. 이를 통해 특정한 종들이 완전히 사라져 버리는 '멸종'이라는 개념을 떠올렸답니다. 그런데 그 생각은 종교에 바탕을 둔 당시의 관점에 반하는 것이었어요. 종들은 고정불변이라는 것이 당시의 지배적인 생각이었거든요. 퀴비에는 결국 자신의 생각을 바꿀 수밖에 없었어요. 성경에 나오는 홍수 같은 대재앙으로 인해 고대 동물이 멸종되었으며, 그 후 신이 새로운 종들을 만들었다고 말이에요. 이 이론은 찰스 다윈(1809~1882)이 자연도태에 의한 진화론을 책으로 펴낸 1859년까지 지속되었답니다.

▲ 거대한 파충류, 거대한 매머드, 그리고 다른 종들이 멸종했다는 조르주 퀴비에의 생각을 받아들임으로써 선사 시대에 대한 과학적 관점이 바뀌었어요.

## 마지막 사냥꾼

공룡 시대 최후의 생존자이자 가장 무서운 해양 파충류 중 하나는 모사사우루스예요. 길이 17미터, 무게 14.5톤에 달했던 모사사우루스는 중생대 후기 유럽과 북아메리카의 해양을 휘젓고 다닌 공포의 대상이었답니다. 크로노사우루스와 마찬가지로 거대한 턱과 근육질의 입안에 튼튼한 원뿔 모양의 이빨이 있는 것으로 보아 모사사우루스는 큰 먹이를 잡아먹었을 것으로 추정되지요.

## 모사사우루스

길고 날씬한 모사사우루스는 강력한 앞발가락과 뒷발가락을 이용해 빠르게 헤엄쳤어요. 6600만 년 전에 살았지요.

# 육지에서 가장 큰 공룡

멀리 볼 수 있는 긴 목
많은 양의 식물을 소화시키는 커다란 몸
굵고 무거우면서 점점 가늘어지는 꼬리
무게가 각각 20톤으로 추정되는 기둥처럼 생긴 다리

아래로 경사진 모양의 등
머리 위에 있는 굵은 뼈

목 윗부분을 따라 돌출된 뼈(신경돌기)
멍에 뼈(늑골)가 없는 꼬리
매우 길쭉한 목
거대한 갈비뼈 측면에 위치한 넓적한 다리

한때 수염고래는 오늘날과는 달리 선사 시대를 통틀어 가장 큰 동물로 기록되어 있어요. 긴수염고래의 몸무게는 172톤에 달하고, 30미터까지 자랄 수 있지요. 그러나 육지를 누볐던 가장 큰 동물은 초대형 용각류(목이 길고 몸집이 크며 초식 또는 잡식) 공룡이었어요. 그런데 이 공룡들의 화석은 겨우 몇 조각밖에 발견되지 않아서 정확한 크기를 가늠하기 어렵다는 문제가 있답니다.

## 아르헨티나의 챔피언

남아메리카의 아르헨티노사우루스는 1990년대에 약 20개의 화석이 발견되면서 알려졌어요. 아르헨티나 중서부 네우켄주에서 117개의 완전한 척추뼈와 허벅지뼈 일부, 몇 개의 갈비뼈, 그리고 정강이뼈가 발굴되었어요. 화석을 통해 전문가들은 이 공룡의 생체 길이가 30미터이고, 최대 몸무게는 84톤에 달할 것으로 추정했답니다.

## 긴 다리

북아메리카의 공룡 브라키오사우루스는 대부분의 용각류와 달리 앞다리가 유독 길고 등이 비스듬하게 생겼어요. 브라키오사우루스의 이름은 1903년에 발견된 여러 화석에서 따온 거예요. 브라키오사우루스의 몸길이는 26미터, 몸무게는 34톤으로 추정되지요. 이 공룡은 많은 양의 식물을 긁어모을 수 있는 작은 이빨을 가지고 있었어요.

## 거대한 우두머리 도마뱀

아르헨티나의 거대한 용각류인 후탈롱코사우루스는 2007년에 발견된 많은 양의 화석에서 이름을 따왔어요. 이 명칭은 현지 마푸체 사람들의 언어로 '거대한 우두머리 도마뱀'이라는 뜻이에요. 몸길이 26미터에 몸무게는 69톤으로, 당대 가장 큰 공룡과 견줄 만한 크기였답니다.

> 화석은 단단한 돌덩이에요. 용각류 공룡의 다리뼈 화석 하나만 해도 9톤이 넘을 수 있답니다!

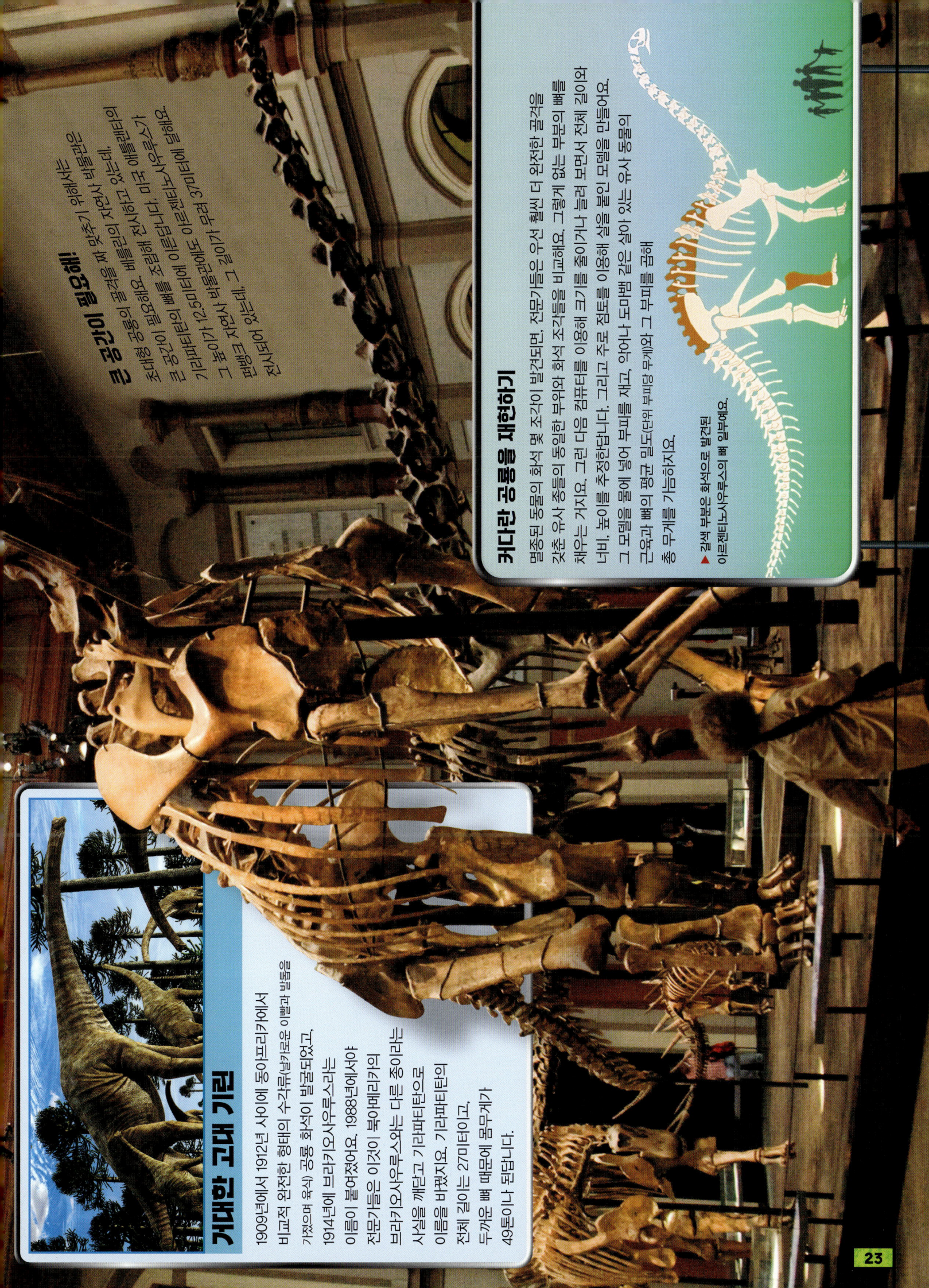

## 큰 공간이 필요해!

큰 공룡의 골격을 다 맞춰주기 위해서는 큰 공간이 필요해요. 배들리의 지연사 박물관은 조태형 공룡의 골격을 조립해 전시하고 있는데, 큰 공간이 필요해요. 배들리 조립해 전시하고 있는데, 기다페티아가 12.5미터에 이른답니다. 미국 애틀랜타의 자연사 박물관에 이른답니다. 그 길이가 12.5미터에 이른답니다. 미국 애틀랜타의 기다페티아 전시되어 있는데, 그 길이가 37미터에 달해요. 그 동안 가장시 박물관에도 이른젠티노사우루스가 펼쳐 전시되어 있는데, 그 길이가 37미터에 달해요.

## 커다란 공룡을 재현하기

멸종된 동물의 화석의 몇 조각이 발견되면, 전문가들은 우선 더 완전한 골격을 갖춘 유사 종들의 화석과 조각들을 비교해요. 그렇게 해서 없는 부분의 빠를 채우는 거지요. 그런 다음 컴퓨터를 이용해 크기를 2이나 늘려 보면서 전체 길이와 너비, 높이를 추정한답니다. 그리고 주로 점토를 이용해 실물 같은 모델을 만들어요. 그 모델을 틀에 넣어 부피를 재고, 약어나 도매뿀 같은 살아 있는 유사 동물의 근육과 뻐를 평균 밀도다는 부피당 무게에와 그 부피를 곱해 총 무게를 가늠하지요.

▲ 갈비 부분은 화석으로 발견된 아르젠티노사우루스의 빠 일부예요.

## 거대한 고대 기린

1909년에서 1912년 사이에 동아프리카에서 비교적 완전한 행태의 수각류[남가로운 이빨과 발톱을 가졌으며 육식] 공룡 화석이 발굴되었고, 1914년에 브라키오사우루스라는 이름이 붙여졌어요. 1988년에에서야 전문가들은 이것이 북아메리카의 브라키오사우루스와는 다른 종이라는 사실을 깨닫고 기라파티탄으로 이름을 바꿨지요. 기라파티탄의 전체 길이는 27미터이고, 두꺼운 뻐 때문에 몸무게가 49톤이나 됩니다.

# 공룡 챔피언

거대한 공룡들은 엄청난 크기로만 챔피언의 자리를 꿰찬 게 아니에요. 역사상 가장 큰 발톱과 가장 거대한 머리 볏 등으로 무장했던 이 파충류는 1억 5000만 년 동안이나 지구를 지배했고, 우리가 상상할 수 있는 최대 규모의 신체적 특징들을 보여 준 진정한 챔피언이었답니다.

▼ 1990년대에 전문가들은 테리지노사우루스의 특이한 특징들을 조합해 그 생김새를 알아내려고 애를 썼어요.

## 거대한 발톱

테리지노사우루스의 발톱은 동물들 중에서 가장 컸어요. 명칭도 '낫 도마뱀'이라는 뜻이랍니다. 이들과 가장 가까운 친척뻘인 공룡은 작고 빠르고 사나운 육식 랩터지만, 그중 가장 큰 종인 테리지노사우루스는 티라노사우루스만큼이나 컸어요. 거대한 발톱은 특이한 특징 중 하나에 불과해요. 작은 머리와 긴 목, 크고 육중한 몸집의 독특한 모습이었거든요. 전문가들은 왜 발톱이 그렇게 거대한지 여전히 확신을 내리지 못하고 있어요. 잎을 자르거나 갈퀴고, 흰개미와 비슷한 곤충을 잡아먹기 위해 땅을 파거나, 포식자들과 싸우는 데 사용되었을 것으로 추정할 뿐이랍니다.

### 파라사우롤로푸스
- 이름의 뜻: 유사 관 도마뱀
- 분류: 하드로사우루스류
- 길이: 9미터
- 무게: 2.7톤
- 머리 볏 길이: 2미터

### 독특한 볏

파라사우롤로푸스의 머리에는 기다랗게 구부러진 볏이 돋아 있어요. 속이 텅 비어 있는 이 볏은 체온 조절 기능을 했을 수도 있어요. 파라사우롤로푸스의 소리를 더 크게 키우는 역할을 했을 수도 있고, 좌우로 흔들어 자신의 울음이나 포효 소리를 더 크게 키우는 역할을 했을 수도 있을 거예요. 이 볏으로 짝을 유혹했을 수도 있지요.

▶ 파라사우롤로푸스의 머리 볏은 번식기에 상대를 유혹하기 위해 밝은색으로 바뀌었던 것 같아요.

### 테리지노사우루스
- 이름의 뜻: 낫 도마뱀
- 분류: 테리지노사우루스류
- 길이: 11미터
- 무게: 6톤
- 발톱 길이: 90센티미터

1940년대에는 테리지노사우루스의 발톱 화석이 거대한 바다거북의 것이라고 생각했답니다.

▶ 트리케라톱스 공룡은 거의 쉴 틈이 없었을 거예요. 무리에 달려드는 공룡을 언제라도 들이받고 찌를 준비가 되어 있는 날카로운 뿔이 달려 있었거든요.

## 무거운 뿔

수백 개의 트리케라톱스 뿔 화석이 발견되었지만, 주로 두개골에서 자란 부분, 즉 심지만 남아 있었어요. 이 뿔 심지는 아마도 케라틴 (새의 부리, 공룡 발톱, 손톱을 구성하는 섬유질 단백질)이 각질처럼 덮고 있었을 거예요. 케라틴 성분은 뿔을 더 길고 날카롭게 만들어 주었을 테고요.

**트리케라톱스**
- 이름의 뜻 : 세 개의 뿔이 있는 얼굴
- 분류 : 각룡류
- 길이 : 9미터
- 무게 : 9톤
- 뿔의 길이 : 90센티미터 이상

## 거대한 알

화석으로 남은 공룡알도 있었지만, 그 속에 어떤 공룡이 들어 있었는지는 알 수 없어요. 발견된 알 중에는 45센티미터의 거대한 것도 있었는데, 더 이상의 누가 낳았는지 알 수 없으니 추측도 불가능했습니다. 심지어 부서지고, 깨지고, 온전하지 않은 상태라 과학자들도 예상할 수가 없었지요.

## 가장 긴 목

대부분의 용각류 공룡은 목이 길었어요. 그런데 그중에서도 목이 가장 길었던 공룡은 1993년 중국 남서부에서 발견된 마멘키사우루스예요. 목이 전체 몸길이의 약 절반이나 되었답니다. 이 거대한 초식 동물은 작은 머리를 어깨 근처까지 좌우로 크게 휘두르면서 터벅터벅 걸어 다녔을 거예요.

▶ 마멘키사우루스의 길고 가벼운 경추(목뼈) 사이의 관절을 통해 목 중앙이 상당히 뻣뻣했음을 알 수 있었어요.

**마멘키사우루스**
- 이름의 뜻 : 마멘크시의 도마뱀
- 분류 : 용각류
- 길이 : 33미터 이상
- 무게 : 31.7톤
- 목의 길이 : 17미터

▶ 이 알 화석은 거대한 용각류인 티타노사우루스의 알로 추정됩니다.

# 날지 못할 정도로
# 커다란 새들

선사 시대에는 거대한 새들이 많이 살았어요. 지금의 커다란 포유류만 한 덩치의 새들도 있었고, 기린만큼 목이 긴 새들도 있었으며, 코끼리만큼 무거운 새들도 있었지요. 당시 대부분의 깃털 달린 거대한 동물들은 포유류가 없는 섬에서 살았어요. 즉 특정한 서식지에서 가장 큰 동물로 진화할 수 있었던 것이지요.

## 어마어마하게 큰 키

지금까지 발견된 새들 중 키가 가장 큰 것은 뉴질랜드의 거대한 '모아'랍니다. 특히 목이 4미터로 엄청나게 길어서 키의 절반을 차지했어요. 뉴질랜드에는 커다란 초식 포유류가 없었던 덕에 모아가 진화해 그 자리를 차지할 수 있었지요. 하지만 인간의 무분별한 사냥으로 인해 몇 세기 전 멸종하고 말았답니다.

## 얼음의 왕

오늘날 가장 큰 펭귄은 키가 약 1.2미터인 황제펭귄이에요. 하지만 선사 시대의 친척인 이카딥테스는 황제펭귄보다 더 컸어요. 이카딥테스는 3000만 년 전에 남아메리카에서 살았고 1.8미터까지 자랐어요. 몸무게는 사람보다 3배가량 더 나갔고, 매우 길고 강한 칼 모양의 부리를 가지고 있었어요.

### 엄청난 날개 길이

자이언트 테라톤이라고 불리는 아르젠타비스의 이름은 화석이 발견된 남아메리카의 아르헨티나에서 따온 것이에요. 아르젠타비스는 현대의 독수리와 비슷하게 생겼지만 2배 이상 컸어요. 서 있을 때 길이가 1.8미터나 되었거든요. 아르젠타비스는 지금까지 하늘을 날았던 새들 중 가장 컸고, 치명적인 갈고리 모양의 부리로 먹이를 뜯어 먹었답니다. 날개 길이만 7미터에 달했고 무게는 70킬로그램이었어요.

### 어마어마한 무게

지금까지 존재했던 가장 덩치가 큰 육지 새는 몸무게가 거의 0.5톤에 달하고 키가 2.7미터에 이르는 거대한 코끼리새(에피오르니스 막시무스)예요. 코끼리새는 인도양의 마다가스카르 섬에서 약 400년 전까지 생존했답니다. 그 새는 덩치가 너무 커서 날 수도, 사냥꾼을 피해 도망칠 수도 없었어요. 사람들은 다 자란 코끼리새뿐만 아니라 거대한 알과 새끼까지도 모조리 잡아갔어요.

### 알의 크기

오늘날 가장 큰 알은 타조가 낳은 알이에요. 그런데 코끼리새의 알은 타조알보다 2배 더 길고 무게는 15배나 더 나갔어요. 선사 시대의 알은 무게가 23킬로그램인 반면 현대의 타조알은 무게가 1.6킬로그램에 불과하지요.

# 외떨어진 동물의 섬

오늘날 오스트레일리아(호주)는 동물의 왕국에서 가장 특이한 생물들의 고향이나 다름없어요. 선사 시대부터 그랬답니다. 9000만 년 이상 섬이 고립되어 있었거든요. 고대 호주의 육지 동물들은 다른 곳과 매우 다른 방식으로 진화했고, 그 결과 거대한 동물들이 많아졌지요.

## 강가의 거대 동물들

오늘날 민물거북(담수거북)은 대부분 등껍데기의 길이가 90센티미터를 넘지 않아요. 하지만 뿔이 있는 큰 거북인 호주의 메이올라니아는 길이가 약 3배인 2.4미터, 무게가 약 10배인 703킬로그램이었어요. 화석을 보면 이 동물이 불과 몇 세기 전까지만 해도 이 섬에서 살았다는 것을 알 수 있지요.

▶ 메이올라니아는 두꺼운 돔 모양의 등껍데기를 가지고 있었고, 다리는 육지에서 걸을 수 있을 만큼 충분히 튼튼했어요.

## 괴물 도마뱀

약 5만 년 전 호주에는 역대 최대 크기의 도마뱀 메갈라니아가 살았어요. 몸길이 7미터, 몸무게 454킬로그램에 달하는 메갈라니아는 오늘날 가장 큰 도마뱀인 코모도왕도마뱀보다 2배 이상 길고 7배 이상 무거웠답니다. 그것은 큰 두개골과 낮고 넓적한 몸, 그리고 근육질의 긴 꼬리를 가지고 있었어요. 이 거대한 포식자의 주요 화석은 약 3만 년 전의 것이랍니다.

키가 2.2미터이고 몸무게가 227킬로그램인 프로콥토돈은 고대의 캥거루이자 역사상 가장 큰 캥거루였어요. 호주의 다른 거대 동물들이 그러했듯, 이들도 1만 5000년 전에 사람들에 의해 멸종된 것으로 추정됩니다.

◀ 메갈라니아는 크게 벌어지는 턱과 뒤쪽으로 구부러진 톱니 모양의 송곳니를 이용해 죽은 동물의 사체를 두고 경쟁자들과 쟁탈전을 벌였을 거예요.

## 강력하게 물어뜯는 사자

유대류(암컷의 몸에 아기 주머니 '육아낭'이 있어 육아낭에서 새끼를 키우는 것이 특징) 사자인 틸라콜레오는 길이가 1.8미터, 무게는 150킬로그램으로 오늘날의 사자보다 약간 작았어요. 그러나 이 사자의 무는 힘은 현대의 사자보다 더 강력했던 것으로 보여요. 프로콥토돈 같은 거대한 동물의 뼈를 박살내 버릴 만한 힘이었거든요.

▼ 틸라콜레오는 집게처럼 생긴 강력한 엄지발톱으로 사냥감을 잽싸게 베어 버릴 수 있었어요. 잡은 먹잇감이 피를 다 흘릴 때까지 기다렸다가 먹었지요.

### 호주의 유대류

호주는 유대류라고 불리는 독특한 포유동물들이 사는 곳으로 잘 알려져 있어요. 유대류의 새끼는 털과 제대로 된 눈, 귀, 팔다리가 없는 아주 작은 크기로 태어난 후에 매우 빠르게 어미의 주머니 속에서 성장기를 보낸답니다.

### 천둥새

멸종된 거대한 새들은 여러 섬에서 살았던 것으로 알려져 있어요. 호주에는 드로모르니스 스티르토니(스티르톤의 천둥새)가 있었어요. 이 새의 화석은 몇 개만 발견되었지만, 키 3미터, 몸무게 454킬로그램의 거대한 크기에 근육질이었을 것으로 추정하고 있어요. 튼튼한 다리로 잘 달릴 수 있었고, 먹잇감을 공격할 큰 덩치와 강한 부리를 가지고 있었답니다.

▲ 드로모르니스 스티르토니는 욕조 크기의 부리를 가지고 있어서 어린 캥거루 같은 먹이를 쉽게 집어삼킬 수 있었어요.

# 거대 동물 사파리

지구상에서 육지 포유류 중 가장 큰 동물은 무엇일까요? 기린, 코뿔소, 아니면 코끼리? 이 동물들도 확실히 크긴 하지만, 제일 큰 동물은 아니었어요. 가장 큰 동물은 2500만 년 전 아시아 여러 지역에서 살았던 코뿔소의 친척뻘인 파라케라테리움이랍니다!

## 어미 코뿔소

오늘날 코뿔소는 대부분 혼자 살아가요. 어린 코뿔소나 새끼를 데리고 다니는 어미를 제외하고는 주로 혼자 살지요. 새끼 코뿔소는 태어난 뒤 1~2년 동안 어미를 따라다녀요. 이 기간에 어미 코뿔소는 세상에서 가장 열성적이고 헌신적인 엄마가 된답니다. 파라케라테리움이 오늘날의 코뿔소와 유사했다면, 강한 모성 본능으로 적에게 달려들어 머리로 들이받고 발로 짓밟았을 거예요. 그런 무시무시한 어미에게 감히 달려드는 동물은 거의 없었을 거예요.

## 이름 논쟁

현재 대부분의 전문가들은 역대 가장 큰 육상 포유류를 파라케라테리움이라고 말해요. 하지만 과거 한동안, 새로운 화석이 발견되면서 전문가들은 이 포유류의 화석과 다른 표본들이 모두 같은 과에 속하는지 아닌지에 대해 확신하지 못했지요. 그중에는 발루키테리움과 인드리코테리움이라 불리는 동물도 있었어요. 이 논쟁은 1989년에 전문가들이 4~5종의 서로 다른 종을 포함한 모든 속을 파라케라테리움으로 부르기로 하면서 일단락되었답니다.

비교적 날씬한 몸

▶ 파라케라테리움은 먹이를 찾아 숲속을 누비며 살았어요.

큰 보폭을 위한 긴 다리

## 가장 큰 동물은?

잘 보존된 화석 덕분에 많은 파라케라테리움 종들이 알려지게 되었어요. 전문가들은 더 적은 수나 훨씬 더 큰 크기의 화석이 발견되어도 크기와 모습을 짐작할 수 있었지요. 이를 통해 우리는 파라케라테리움의 길이가 10미터에 이르고 어깨 높이가 최대 5.5미터에 이를 수 있다는 것을 알게 되었답니다.

▼ 파라케라테리움은 오늘날까지 가장 큰 육지 동물로 알려져 있어요.

파라케라테리움
아프리카코끼리
흰코뿔소

높이(ft)

- 길고 튼튼한 목
- 긴 두개골
- 잎을 쉽게 뜯는 이빨
- 잎을 잘 무는 입

▼ 파라케라테리움의 길고 날씬한 다리는 이동할 때 힘을 효율적으로 쓸 수 있는 형태였어요.

## 왜 그렇게 컸을까요?

파라케라테리움은 수백만 년 동안 진화를 거듭하면서 거대한 동물이 되었어요. 후대의 코뿔소에게 큰 몸집을 물려준 고대의 거인이었지요. 파라케라테리움이 살았던 시절에는 다른 많은 초식 동물들이 낮은 곳의 식물을 먹기 위해 경쟁했을 거예요. 반면 높은 나무에 있는 잎은 상대적으로 경쟁이 적었고, 긴 목과 다리를 가진 동물이 생존에 유리해지면서 그런 형태로 진화하게 되었지요. 큰 덩치는 포식자로부터 자신을 보호하는 훌륭한 무기이기도 했어요.

## 또 다른 거대 포유류

다른 많은 초식 포유류들도 거대한 크기로 진화했어요. 예를 들어 2500만 년 전 북아메리카에 살았던 다에오돈은 3.6미터까지 자랐고, 몸무게는 907킬로그램에 달했어요.

▶ 다에오돈은 당대 최고의 포식자였던 늑대처럼 생긴 육치류(몸에 비해 크고 날카로운 이빨과 발가락을 가진 것이 특징)인 히아에노돈의 상대였을 거예요.

# 무시무시한 뱀

거대한 공룡들이 백악기 말기인 6600만 년 전에 멸종되자마자 새로운 거대 육지 생물들이 진화해 그 자리를 차지했어요. 그중에는 초대형 뱀과 거대한 양서류가 포함되어 있었답니다.

### 진짜 커다란 뱀

현대의 가장 큰 뱀은 약 9미터 길이의 그물무늬비단뱀과 100킬로그램에 달하는 그린아나콘다예요. 하지만 지구 역사상 가장 거대했던 뱀은 티타노보아였어요. 티타노보아에 비하면 지금의 거대 뱀들은 모두 작은 편에 속하지요. 티타노보아는 현대의 뱀보다 거의 2배가 길고 5배 무거웠거든요. 비늘 하나가 여러분의 손 크기였을 거예요!

▼ 프리오노수쿠스는 긴 주둥이와 날카로운 이빨, 길쭉한 몸을 가지고 있었답니다.

### 정복자 양서류

페름기(2억 9900만~2억 5200만 년 전)에 남아메리카에는 거대한 프리오노수쿠스가 살고 있었어요. 악어와 뱀이 섞인 것 같은 모습에 길이가 10미터에 이를 만큼 거대했지요. 그런데 프리오노수쿠스는 파충류가 아니라 양서류였어요. 최대 약 1.5미터까지 자라는 오늘날 도롱뇽의 거대한 버전이었지요.

## 열대의 괴물

티타노보아의 화석은 남아메리카의 콜롬비아에서 발견되었어요. 6600만~5600만 년 전인 팔레오세에 살았던 것이었지요. 다른 화석들은 냉혈 동물인 파충류가 쉽게 움직이고 사냥할 수 있는 따뜻한 열대 지방에서 발견되었어요. 티타노보아는 길이가 최대 15.2미터까지 자랐을 것으로 추정되지요.

▶ 티타노보아는 길이만 긴 게 아니라, 엄청 무겁기도 했어요. 몸무게가 무려 907킬로그램이나 되었거든요.

놀라운 사실은, 티타노보아가 아주 큰 먹잇감 하나만 먹어도 일 년 동안 버틸 수 있었다는 거예요.

화석이 많이 박혀 있는 이 암석은 약 5000만 년 전의 것으로 보여요. 팔라에오피스의 화석들 중에는 팔라에오피스의 척추와 등뼈도 포함되어 있었어요.

▶ 거대한 기간토피스는 최대 11미터까지 자랐을 거예요.

## 또 다른 거대한 뱀

선사 시대에는 또 다른 두 종의 거대한 뱀이 살았어요. 바로 팔라에오피스와 기간토피스지요. 기간토피스는 북아프리카에서 화석이 발견되면서 알려졌어요. 티타노보아처럼 근육질이었을 거예요. 최대 길이 10미터에 달하는 팔라에오피스는 현대의 어떤 바다뱀보다 훨씬 더 큰 바다뱀이었어요. 팔라에오피스의 화석은 유럽과 북아프리카에서 발견되었어요.

# 고대 동물들 남아메리카를 지배하다

호주의 거대한 유대류처럼, 남아메리카의 멸종된 거대한 동물들 역시 섬의 진화를 보여줍니다. 남아메리카 대륙은 지난 2억 2000만 년 동안 때때로 섬이 고립되었어요. 덕분에 그곳의 동물들은 나름의 특별한 진화를 할 수 있었답니다.

## 유명하지 않은 거대 나무늘보

메가테리움은 코끼리만큼 크고 날카로운 발톱을 갖고 있었어요. 가장 앞자리에 발톱이 있었기 때문에 앞발 포식자로부터 자신을 보호하거나 먹이를 낚아채기 위해 사용되었을 거예요. 그 거대한 사용되다가 사람들에 이르렀거니와 메가테리움 1796년에 조르주 퀴비에가 '거대하운동'이라는 이름을 붙여주었어요.

비슷하지만 지금의 나무늘보와 생김새는 무게 4톤이었답니다. 메가테리움은 훨씬 더 컸어요. 길이 6미터.

## 다윈의 생각

과학자 찰스 다윈(1809~1882)은 지구의 생명체에 대한 생각을 바꾸어 놓았어요. 그는 수많은 나이 걸쳐 동식물이 지구의 환경에 적응해 왔다고 주장했어요. 만일 어떤 한 종이 환경에 맞게 바뀌게, 또 충분히 변화할 수 있다면 새로운 종으로 거듭난다고 말했지요. 다윈은 자신의 화석을 뒷받침하는 증거로 화석을 내세웠어요.

다윈은 거대한 메가테리움 화석을 보고 나서 진화론을 구상하기 시작했습니다.

다윈은 남아메리카 평원에서 처음으로 마크라우케니아 화석을 발견했어요.

## 이상하게 생긴 동물

마크라우케니아는 앞 또는 낙타처럼 발견된 리톱테나목에 이르는 동물이 3미터에 달하는 발굽이 있는 포유류 그룹에 속해요. 검은 포식자들에게 좋은 먹잇감이었지요, 코도 맛있고, 마크라우케니아의 유리하게 생긴 긴 코는 나뭇잎 등을 움직이기 유리한 쪽으로 진화한 결과일 거예요.

남아메리카에는 약 2년 년 전까지 마크라우케니아 무리와 대규모 무리를 지어 살았어요.

## 거대한 짐승

덩치가 큰 톡소돈은 남아메리카에서 가장 큰 동물 중 하나였어요. 다른 지역인 북아메리카와 유라시아에서 진화된 한때의 코뿔소와 상당히 비슷한 모습이었답니다. 톡소돈은 거대한 몸집을 지탱할 수 있는 튼튼한 뼈대와 어깨에 커다란 혹을 가지고 있었어요.

톡소돈의 두개골 화석을 통해 톡소돈이 계속해서 자라는 어금니를 가지고 있었다는 걸 알 수 있어요.

▼ 톡소돈의 길이가 거의 2.7미터까지 자라 오늘날의 하마와 크기가 비슷했어요.

## 무시무시한 도둑

포루스라쿠스는 날지 못하는 거대한 육식 포식자였어요. 사나운 성격과 가진 사냥 방식 때문에 '공포새'라는 별명이 붙었답니다. 포루스라쿠스 중 가장 큰 종은 이드헨나 켈레켐으로, 45센티미터가 넘는 길고 큰 모양의 부리를 가지고 있었어요. 높이 3미터, 무게 228킬로그램까지 거대하게 자랐지요.

▼ 포루스라쿠스는 이 '공포새' 그림에서 잘 알려진 종이에요. 키가 무려 2.5미터나 되었답니다.

## 덩치가 큰 동물

글립토돈은 거대한 아르마딜로처럼 생겼어요. 머리부터 꼬리까지 뼈로 된 갑옷으로 덮여 있었지요. 글립토돈은 안전하게 갑옷을 장착하고 식물을 씹으며 느릿느릿 걸어 다녔어요. 몸무게는 1.9톤이었고, 길이는 3.3미터였어요.

포루스라쿠스의 맛있는 먹이를 물고 지키는 무기였어요. 사냥꾼이었고, 이 새들은 훨씬 유연한 목을 무서운 유연한 목을 더 사냥이 쉽게 진화했어요.

화석 연구를 통해 글립토돈의 피부가 빠른 민 작은 많은 판들로 이루어져 있었다는 것도 알게 되었어요.

영어였을 때에나 볼 수 있었 어요. 지금 글립토돈 온몸 아르마딜로는 많이 줄었 답니다.

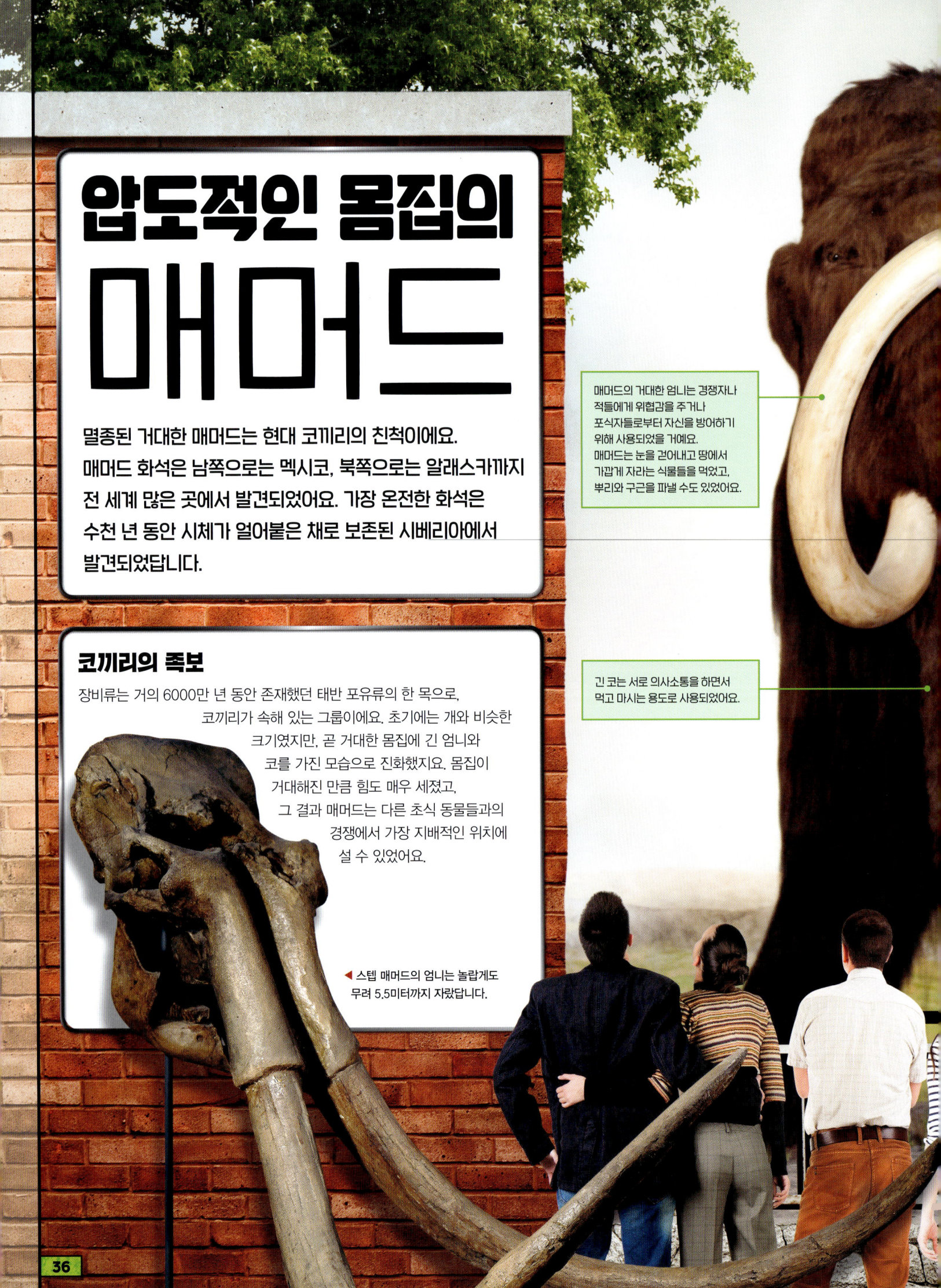

# 압도적인 몸집의 매머드

멸종된 거대한 매머드는 현대 코끼리의 친척이에요. 매머드 화석은 남쪽으로는 멕시코, 북쪽으로는 알래스카까지 전 세계 많은 곳에서 발견되었어요. 가장 온전한 화석은 수천 년 동안 시체가 얼어붙은 채로 보존된 시베리아에서 발견되었답니다.

매머드의 거대한 엄니는 경쟁자나 적들에게 위협감을 주거나 포식자들로부터 자신을 방어하기 위해 사용되었을 거예요. 매머드는 눈을 걷어내고 땅에서 가깝게 자라는 식물들을 먹었고, 뿌리와 구근을 파낼 수도 있었어요.

긴 코는 서로 의사소통을 하면서 먹고 마시는 용도로 사용되었어요.

## 코끼리의 족보

장비류는 거의 6000만 년 동안 존재했던 태반 포유류의 한 목으로, 코끼리가 속해 있는 그룹이에요. 초기에는 개와 비슷한 크기였지만, 곧 거대한 몸집에 긴 엄니와 코를 가진 모습으로 진화했지요. 몸집이 거대해진 만큼 힘도 매우 세졌고, 그 결과 매머드는 다른 초식 동물들과의 경쟁에서 가장 지배적인 위치에 설 수 있었어요.

◀ 스텝 매머드의 엄니는 놀랍게도 무려 5.5미터까지 자랐답니다.

매머드는 거대한 덩치 때문에 체온을 잘 유지할 수 있었고, 그래서 추운 지역에서도 잘 살아갈 수 있었어요.

## 코끼리

한때 지구상에는 수백 종의 코끼리과 동물이 있었지만, 지금은 크게 아프리카코끼리, 둥근귀코끼리, 아시아코끼리 3종만이 살아남았어요. 오래전 멸종된 친척뻘 코끼리 중에는 엄니가 아래로 굽거나 뒤로 굽은 코끼리도 있었답니다. 엄니의 모양은 뱀처럼 길고 가늘거나 삽처럼 짧고 넓은 모양 등 종에 따라 다양했어요.

### 거대한 친척들

**아메리칸 마스토돈**
- 서식지: 북아메리카
- 길이: 3.7미터
- 높이: 2.7미터
- 엄니 길이: 1.8미터
- 무게: 6.3톤
- 생존 시기: 1만 1000년 전

**곰포테리움**
- 서식지: 북아메리카
- 길이: 4미터
- 높이: 3미터
- 엄니 길이: 2미터 (두 개의 윗엄니와 두 개의 아랫엄니)
- 무게: 5.4톤
- 생존 시기: 600만 년 전

**데이노테리움**
- 서식지: 유럽, 아프리카, 아시아
- 길이: 5.2미터
- 높이: 4미터
- 엄니 길이: 1.2미터 (아래쪽으로 휘었음)
- 무게: 9톤
- 생존 시기: 100만 년 전

## 스텝 매머드

스텝 매머드(맘무투스 트로곤테리)는 오늘날의 그 어떤 코끼리보다 훨씬 컸어요. 그 시대의 다른 어떤 매머드보다도 컸을 거예요. 몸길이는 최대 13.7미터, 높이는 4.9미터였고, 몸무게는 12톤을 훨씬 넘었을 것으로 보여요. 스텝 매머드는 약 50만 년 전 유럽과 아시아 북부의 광활한 초원 또는 스텝지대에 살았어요.

# 상어 vs. 고래

1200만 년 전 바다에는 메갈로돈과 리비아탄이라는 무시무시한 괴물이 살았어요. 바닷속 깊은 곳을 누비던 이 심해 괴물들은 가장 야만적인 생물이었답니다. 만약 이 거대하고 포악한 두 괴물이 정면으로 부딪쳤다면 어떻게 되었을까요?

### 메갈로돈
- 학명: 카르카로돈 메갈로돈
- 이름: 1843년에 명명, '거대한 이빨'이라는 뜻
- 무게: 45톤
- 길이: 16미터
- 턱의 너비: 3.4미터
- 이빨의 길이: 16센티미터
- 최고 속도: 시속 56킬로미터로 추정
- 기동성: 중간 정도

### 두 종의 거대 포식자

중신세(약 2300만~533만 년 전) 중기는 메갈로돈과 리비아탄 모두가 바다를 누볐던 시기예요. 포악한 상어인 메갈로돈은 최상위 해양 포식자로 자리를 잡았고, 1000만 년 동안 살았을 것으로 추정되지요. 거대한 고래인 리비아탄의 주요 화석은 지금까지 남아메리카 페루에서 딱 하나 발견되었어요.

### 온혈 동물

메갈로돈과 대적할 만한 상대였던 리비아탄은 오늘날 지구상에서 가장 큰 해양 포식자인 향유고래만큼 육중한 크기와 무게를 자랑했어요. 중신세에 살았던 리비아탄은 치명적 라이벌인 메갈로돈을 제외하면 사실상 가장 거대한 해양 사냥꾼이었지요. 선사 시대의 이 강력한 고래는 1851년에 출간된 향유고래에 관한 흥미진진한 모험 소설 《모비 딕》의 저자 허먼 멜빌의 이름을 따서 '멜빌의 향유고래'라고도 불린답니다.

### 강점과 약점

리비아탄은 옆으로 큰 형태였어요. 다른 고래와 마찬가지로, 이 고래도 온혈 동물이었고 공기 호흡을 했기 때문에 메갈로돈보다 더 빨리 차가운 바다를 헤엄칠 수 있었어요. 하지만 수면 아래에서 붙잡히거나 움직이지 못하게 되면 익사할 위험이 있었지요. 리비아탄은 뛰어난 적응력과 높은 지능의 포유류로 적을 영리하게 무찌를 수 있었답니다.

## 강점과 약점

메갈로돈의 이빨은 믿을 수 없을 정도로 날카로웠고, 무는 힘은 그 어떤 동물보다도 강력했어요. 특히 따뜻한 바다에서 빠르게 움직일 수 있었고, 감각이 아주 탁월했지요. 하지만 차가운 온도에서는 움직이는 속도가 느려졌고, 상대적으로 지능이 낮아 전술이 필요했을 전투에서는 불리했을 거예요.

## 냉혈 동물

약 2500만 년에서 150만 년 사이에 바다를 누비던 메갈로돈은 오늘날 백상아리의 거대 버전이었어요. 그래서 현대의 작은 사촌격인 백상아리에 대해 알고 있는 것을 바탕으로 메갈로돈이 어떻게 살고 사냥했는지 추측할 수 있었지요. 리비아탄처럼 메갈로돈도 물고기, 오징어, 작은 고래, 돌고래, 바다표범, 바다사자, 바다거북, 바다소, 바다새 등 거의 모든 해양 생물을 공격했을 거예요. 메갈로돈은 지구 역사상 가장 성공적으로 진화한 거대 최상위 포식자 중 하나로 2000만 년 이상 바다를 지배했어요.

### 리비아탄

- 학명: 리비아탄 멜빌레이
- 이름: 2010년에 명명, '멜빌의 리비아탄'이라는 뜻
- 무게: 49톤
- 길이: 15.5미터
- 턱의 길이: 2.7미터
- 이빨의 길이: 35센티미터
- 최고 속도: 시속 40킬로미터로 추정
- 기동성: 중간 이하

## 치열한 전투

만약 이 두 괴물이 맞붙었다면, 메갈로돈은 곧장 날카로운 이빨을 이용해 빠르게 공격했을 거예요. 상대의 아래턱을 부수거나 깨물려고 정면 공격을 시도했을지도 몰라요. 반면 리비아탄은 거대하고 튼튼한 꼬리로 반격을 했을 거예요. 만만치 않은 싸움이었겠지요.

# 빙하기를 이겨 낸 멸종 동물들

선사 시대 내내 지구에는 빙하기가 발생했어요. 가장 최근의 것은 지난 10만 년의 대부분을 차지한 빙하 시대로, 북쪽 땅의 많은 부분을 얼음과 눈으로 뒤덮었지요. 빙하기에 살았던 거대 동물군으로 알려진 모든 종류의 대형 포유류가 이 추운 지역을 돌아다녔고, 뼛속까지 파고드는 매서운 바람과 많은 양의 눈에 잘 적응했어요.

곡선 주위를 기준으로 측정했을 때, 매머드의 엄니는 거의 4.9미터나 되었어요.

▶ 무게 3.1톤, 길이 3.6미터에 달했던 털코뿔소는 빙하 시대의 매머드나 다른 코끼리류 다음으로 큰 동물이었어요.

▶ 짧은 얼굴의 이 거대한 곰은 약 1만 1500년 전에 멸종했어요.

털코뿔소는 코에 두 개의 뿔이 있었는데, 앞쪽의 구부러진 뿔의 길이는 90센티미터나 됐어요.

## 털코뿔소

길고 두꺼운 털은 빙하 시대 포유류에게 훌륭한 자산이었어요. 시베리아 얼음에서 꽁꽁 언 채로 발견된 털코뿔소의 표본을 보면 살가죽 위로 두께 12.7센티미터까지 털이 촘촘하게 나 있었음을 알 수 있어요. 또 우리 조상들의 동굴 벽화는 초기 인류가 이 코뿔소를 창이나 다른 무기로 공격했음을 보여 주지요. 인간의 사냥은 약 1만 년 전에 털코뿔소가 멸종한 가장 유력한 이유 중 하나로 꼽힌답니다.

## 추울수록 커지는 몸집

오늘날 가장 큰 곰인 북극곰과 회색곰은 추운 환경에서 살아요. '베르그만의 법칙'이라는 자연 원리와 맞아떨어지는 셈이지요. 이 법칙은, 코끼리나 곰처럼 체온을 일정하게 유지하는 항온 동물들은 추운 곳으로 갈수록 몸집이 더 커진다는 주장이에요. 몸이 클수록 부피에 비해 표면적이 작아지기 때문에 열 손실이 적거든요. 짧은얼굴곰도 길이 2.4미터, 무게 1.1톤이 넘는 크기까지 자랐어요.

두꺼운 목, 육중한 머리, 거대한 발과 발톱을 가진 짧은얼굴곰은 훌륭한 사냥꾼의 조건을 갖추고 있었어요.

## 되살아나는 멸종 동물

가장 잘 알려진 빙하기 포유류 중 하나가 바로 매머드랍니다. 매머드는 영하의 온도에서 체온을 유지할 수 있게 도와주는 90센티미터 길이의 털로 덮여 있었어요. 일부 전문가들은 이 멸종된 동물과 또 다른 동물들을 언젠가는 되살릴 수 있다고 생각해요. 유전학이 급속히 발전하고 있기 때문이지요. 매머드와 같은 생물들이 북극의 얼음 속에 완벽한 유전자 그대로 보존되어 있다면 가능할 수도 있을 거예요.

10세 정도로 추정되는 3미터 길이의 매머드 '유카'는 4만 년 전에 거의 완전한 상태로 화석이 되었어요.

빙하 시대 동물들은 지구의 기후가 급격히 따뜻해진 지난 2만 년 사이에 멸종했어요.

스밀로돈과 같은 거대한 송곳니를 가진(검치) 호랑이들은 힘이 세고, 근육질이었고, 어깨 높이가 1.2미터 정도였어요.

스밀로돈 중에 가장 큰 종은 스밀로돈 포퓰라토르로, 1만 년 전까지 생존해 있었어요.

## 날카로운 이빨

빙하기의 커다란 매머드, 거대한 사슴과 들소들은 포식자들의 좋은 먹잇감이기도 했어요. 스밀로돈은 오늘날 가장 큰 고양잇과 동물인 2.1미터 길이의 시베리아호랑이보다 더 컸어요. 스밀로돈의 무게는 381킬로그램이나 되었고, 칼처럼 날카롭고 휘어진 형태의 이빨은 길이가 30센티미터로 호랑이 이빨보다 위협적인 무기였답니다. 이 이빨은 빙하 시대에 동물들을 사냥할 때 훌륭한 사냥 도구가 되었지요.

# 신기한 동물들

야생에서는 생존을 위한 싸움이 벌어지고, 많은 생물들이 살아남기 위해 죽기 살기로 전투를 벌이기도 한답니다.

| | |
|---|---|
| 독특한 이동 방식 | 44 |
| 훌륭한 감각 기관 | 46 |
| 특이하고 징그러운 특징 | 48 |
| 무서운 암살자 | 50 |
| 치명적인 방어 무기 | 52 |
| 짧은 수명, 긴 수명 | 54 |
| 식사 시간 | 56 |
| 완벽한 동물은? | 58 |
| 아군과 적군 | 60 |
| 화려하고 눈부신 쇼 타임! | 62 |
| 똑똑한 동물들 | 64 |
| 무리의 힘 | 66 |
| 이상한 새끼 동물들 | 68 |
| 똑똑한 건축가 | 70 |
| 최고로 힘센 동물 | 72 |
| 나를 찾아봐! | 74 |
| 가장 커다란 동물들 | 76 |

◄ 빨간눈청개구리는 밝은색 눈을 일부 가리는 얇은 막을 가지고 있어요. 이 막 덕분에 다른 동물들에게 들키지 않고 주변을 잘 살펴볼 수 있지요.

# 독특한 이동 방식

모든 동물은 먹이와 은신처를 찾고, 적을 피해 도망치고, 또 짝짓기 상대를 찾아 이동해요. 대부분의 동물은 서식지 환경에 맞춰서 걷거나, 뛰거나, 날거나, 헤엄을 치지만, 어떤 생물들은 발을 이용해 나는 것과 같은 특이하고 예상치 못한 이동 방법을 쓴답니다!

## 날아다니는 발

치타, 사슴, 타조와 바퀴벌레 등 길고 날씬한 다리를 가진 동물들은 확실히 빠른 단거리 달리기 선수랍니다. 캥거루는 콩콩 뛰고, 메뚜기와 벼룩은 높이 뛰어오르고, 도마뱀과 어떤 벌레들은 물 위를 걷기도 해요. 그러나 줄곧 두 다리로 걷는 동물은 흔치 않아요. 공포에 질렸을 때 잠시 두 발로 몸을 일으키는 도마뱀과 나뭇가지를 따라 느릿느릿 두 발로 걷는 오랑우탄이 있기는 하지만, 정교한 균형 감각과 곧은 자세를 유지한 채 두 발로 빠르게 걸을 수 있는 동물은 몇몇 조류와 사람뿐이랍니다.

▲ 마다가스카르의 여우원숭이 시파카는 짧은 거리를 깡충깡충 뛰는 동안 균형을 잡기 위해 팔을 뻗어요.

▲ 말뚝망둥어는 팔 역할을 하는 근육질 가슴지느러미로 물살을 가르며 이동해요. 위험에 처하면 이 기이한 물고기는 공중으로 몸을 날려 안전한 곳으로 옮겨가지요.

## 활공

새처럼 하늘을 나는 것과, 추락을 피하려고 피부를 이용해 공중에서 뛰어내리거나 날아오르는 것은 엄청난 차이가 있답니다. 날다람쥐나 도마뱀, 개구리, 뱀은 실제로 나는 것이 아니라 공중에서 미끄러지듯 활공을 해요. 활공은 주로 위급할 때 쓰는 방법이에요. 피부의 넓은 표면을 이용해 공기 저항을 받아 낙하 속도를 늦추는 방식이지요. 몸을 옆으로 비틀거나 기울이면 방향을 어느 정도 제어할 수도 있고, 착지하면서 조금 다칠 수는 있지만 포식자를 재빨리 따돌릴 수 있거든요.

◀ 개구리는 보통 헤엄칠 때 발의 물갈퀴를 이용해요. 물갈퀴로 물을 힘차게 밀어 앞으로 나아가지요. 그러나 동남아시아의 날개구리는 물갈퀴를 낙하산처럼 사용한답니다. 물갈퀴를 펼치고 하강 속도를 늦추면서 공중에서 날아가듯이 이동하지요.

시간당 105킬로미터의 속도로 헤엄칠 수 있는 돛새치는 지구에서 가장 빠르게 헤엄치는 물고기랍니다.

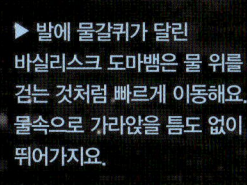

▶ 발에 물갈퀴가 달린 바실리스크 도마뱀은 물 위를 걷는 것처럼 빠르게 이동해요. 물속으로 가라앉을 틈도 없이 뛰어가지요.

▲ 물총새는 날개와 다리의 힘을 사용해 물속에 재빨리 들어가 물고기를 잡아먹어요.

## 물속에서의 이동

근육으로 꽉 찬 몸과 지느러미는 물고기가 더 빠르게 이동할 수 있도록 해 준답니다. 돛새치와 같은 가장 빠른 물고기는 뻣뻣하고 가느다란 초승달 모양의 꼬리를 가지고 있어요. 하지만 망둥이나 지느러미메기처럼 물 밖에서도 지느러미를 사용해 이동할 수 있는 동물도 있어요. 새의 날개는 지느러미와 형태가 비슷해서 몇몇 새들은 날개를 이용해 물속에서 이동하기도 하지요. 물총새와 물까마귀는 잠깐 동안 수영을 할 수도 있어요. 한편, 펭귄들은 하늘을 나는 것은 완전히 포기하고 오로지 물속에서만 날아다녀요.

# 훌륭한 감각 기관

자연에는 우리가 상상할 수 있는 것보다 훨씬 더 많은 빛과 소리, 냄새가 있어요. 모든 동물은 놀랍도록 뛰어난 감각 기관을 이용해 이런 자연환경에 적응할 수 있지요. 그중에는 단 하나의 우세한 감각에 거의 전적으로 의존하는 동물들도 있어요. 그래서 박쥐의 귀나 개미핥기의 콧구멍을 막으면 생존이 불가능해진답니다.

▶ 큰개미핥기는 45미터 떨어진 곳에 있는 개미굴의 냄새도 맡을 수 있어요.

### 킁킁! 놀라운 후각

북극곰은 먹이로 삼는 바다표범의 사체 냄새를 7킬로미터 떨어진 곳에서도 맡을 수 있어요. 인간은 90미터 이내에 있어야만 그 썩은 냄새를 맡을 수 있지요. 곰과 늑대, 개의 코에는 2억 개가 넘는 미세한 후각 세포가 있어서 사람보다 후각이 훨씬 뛰어나답니다. 후각은 단지 먹이를 찾기 위한 것만은 아니에요. 후각이 없다면, 코끼리는 갈증으로 죽을 것이고, 사자는 영역을 표시할 수 없을 것이고, 많은 나방과 딱정벌레는 번식할 준비가 된 짝의 냄새를 감지할 수 없을 거예요.

▶ 수컷 왕풍뎅이는 깃털이 달린 듯한 모양의 더듬이로 아주 멀리 떨어져 있는 암컷의 페로몬 냄새를 감지해요. 페로몬은 암컷이 짝짓기할 준비가 되었다는 것을 수컷에게 알려 주는 냄새랍니다.

▲ 박쥐는 '반향 위치 측정'을 사용해 길을 찾아요. 울음소리를 낸 후 소리가 물체에 부딪혀 되돌아오는 반향을 듣고 물체의 위치를 알 수 있지요. 박쥐의 큰 귀는 소리를 모으는 데 도움을 준답니다. 만약 사람의 귀가 긴귀박쥐의 귀와 같은 비율이라면, 쓰레기통 뚜껑보다 더 클 거예요!

▲ 깡충거미에게 먹이를 찾아 공격하는 일은 매우 쉬워요. 물체의 세세한 부분과 색깔까지 볼 수 있는 2개의 거대한 눈을 가지고 있기 때문이지요. 나머지 6개의 눈은 움직임을 감지하고, 시야를 넓혀 주는 기능을 한답니다.

# 동물 vs. 사람

**코뿔소** 시력은 사람보다 5배 정도 약한 것으로 추정되며, 90미터 떨어진 곳의 다른 코뿔소와 지프차를 구별하지 못해요. 하지만 후각은 사람보다 10배 더 뛰어나답니다.

**독수리** 시력은 사람보다 최소 10배는 더 좋아요. 3킬로미터 떨어져 있는 토끼도 볼 수 있지요.

**박쥐** 청력이 뛰어나요. 사람보다 10배 빠른 속도로 진동을 감지할 수 있어서 작은 각다귀의 날갯짓 소리도 들을 수 있답니다.

**나방** 후각이 사람보다 1만 배 더 예민해요. 사람이 낮에도 보지 못하는 작은 꽃봉오리 속 꿀의 냄새도 맡을 수 있지요.

## 다양한 형태의 청각 기관

사람에게는 작게 들리는 소리도 올빼미나 박쥐에게는 청각 장애를 일으킬 만큼 클 수 있어요. 귀의 미세 감지 기능이 사람보다 훨씬 더 뛰어나거든요. 또한 음파를 최대한 감지해 물체의 위치를 파악하기 위해 귀나 머리를 아주 세심하게 움직이지요. 그리고 귀가 꼭 머리에만 달린 것도 아니랍니다. 메뚜기, 귀뚜라미 같은 곤충의 귀는 무릎에 있고, 어떤 물고기들은 부레로 소리를 들어요.

## 보이지 않는 것을 보는 능력

몇몇 동물들은 적외선과 자외선을 볼 수 있어요. 적외선과 자외선은 사람의 눈이 볼 수 있는 빛의 범주를 벗어난 것들이라 우리 눈에는 보이지 않아요. 특히 곤충들은 이러한 보이지 않는 파장을 매우 잘 감지하지요. 평범해 보이는 꽃잎도 벌의 눈으로 보면 자외선으로 뒤덮여 있답니다. 그 속에 달콤한 꿀이 들어 있다는 의미지요. 놀라운 시각을 가진 물고기도 있어요. 피라냐는 포유류에게서 나오는 따뜻한 적외선을 보고 집단으로 공격해 올 수 있지요.

# 특이하고 찝그러운 특징

어떤 동물들은 독특한 특징을 가지고 있어요. 포식자들의 공격을 막기 위해 구토물이나 배설물을 뿌리고, 침을 뱉고, 심지어 피를 뿜어 내기도 하지요. 식사 매너가 아주 끔찍한 동물들도 있어요. 먹이의 살점을 게걸스럽게 뜯어 먹으며 주변을 피투성이로 만들거든요. 한편, 식사를 맛있게 하려고 배설물을 섞어 먹는 동물도 있어요! 으웩!

뿔도마뱀은 적이 나타나면 눈에서 피를 발사하기도 하는데, 그 거리가 1.5미터를 넘기도 한다고 해요.

▼ 세계에서 가장 큰 도마뱀인 코모도왕도마뱀은 식욕이 왕성해요. 부패한 돌고래 사체를 먹고 기름과 반 정도 소화된 물고기로 채워진 내장을 즐겨 먹지요. 수컷 코모도왕도마뱀은 길이가 3미터에 달한답니다.

### 역겨운 방어 방법

동물의 구토, 점액, 소변, 대변, 침, 고름 등의 체액은 따끔거리고, 감염을 일으키고, 역겨운 악취가 나기도 해요. 그래서 어떤 동물들은 포식자들을 물리치기 위해 체액을 사용하지요. 얌전해 보이는 해삼은 포식자에게 끈적이는 내장을 던지고, 어떤 바닷새는 토사물을 1미터 떨어진 곳에 있는 적에게 뱉기도 한답니다.

### 매서운 눈들

죽은 동물을 주식으로 삼는 동물들은 먹잇감이 죽기 전부터 근처에서 기다려요. 죽어가는 고래 근처에서는 상어와 범고래, 바닷새가 때를 기다리고, 병든 코끼리 주변에는 하이에나, 자칼, 독수리가 몰려들지요. 그러다 어느 한 마리가 한입이라도 더 먹기 위해 용기를 내는 순간, 나머지 동물들이 떼로 달려들어요. 먹을 것이 없어지기 전에 배를 채우려고 서로 거칠게 싸우면서 급하고 게걸스럽게 먹는 모습을 보면 전쟁터나 다름없답니다.

## 역겨운 탄생

매우 독특한 환경에서 태어나는 동물 새끼들도 있어요. 기생벌 유충 중 일부는 애벌레의 내장에서 부화해 태어나자마자 살아 있는 그 애벌레를 잡아먹어요. 쇠똥구리 유충은 배설물 덩어리에서 태어나요. 피파개구리의 올챙이는 어미의 등 안쪽 피부 밑에서 자라요. 또 어떤 개구리들은 침, 피부 점액, 정액, 배설물을 섞어 거품을 낸 다음 그곳에 알을 낳는답니다.

▼ 어떤 수컷 개구리 무리는 한 암컷 주위에 모여들어 체액으로 거품을 만들고, 암컷은 그곳에 알을 낳아요.

## 더럽지만 신선한 먹이

똥과 같은 배설물은 보기에도 더럽지만, 고약한 냄새가 나기도 해요. 그런데 대부분의 동물들은 소화 기능이 아주 좋지는 않기 때문에 종종 영양분이 풍부한 똥을 싸기도 한답니다. 이러한 똥을 먹고 사는 동물들은 일반적으로 곰팡이나 세균이 퍼지거나 파리가 오염시키기 전에 먹는 것을 좋아해요. 신선한 똥이 먹이인 셈이지요! 윽!

▲ 터키콘도르는 물개의 비린내 나는 배설물을 좋아해서 재빨리 찾아 먹어 치워요.

# 무서운 암살자

타고난 사냥꾼들이 무서운 이유는 치명적인 무기를 가지고 있기 때문이에요. 그 무시무시한 포식자들은 먹잇감을 발톱과 송곳니로 무자비하게 죽여서 살과 뼈와 피를 집어삼켜 버린답니다.

## 늑대 같은 늑대고기(울프피시)

대서양에서 마지막으로 목격된 울프피시(늑대고기라고도 불러요)는 1.5미터 길이에 꽤 많은 수의 이빨을 가지고 있어요. 이빨이 약 100개 정도인데, 앞부분은 부채꼴 모양이고, 뒷부분은 넓적하며, 나머지는 목구멍까지 이어져 있지요. 울프피시는 주로 조개, 불가사리, 게, 성게 등을 먹는데, 이빨의 강력한 힘으로 으깨듯이 쪼개서 먹어요.

## 현상수배

### 포악한 악어

4.6미터 길이의 이 악어를 수배합니다! 먹이를 물속으로 끌고 들어가 익사시킨 혐의를 받고 있지요. 희생자로는 거북이, 뱀, 물새, 그리고 사슴 크기의 포유류가 있어요. 주의하세요! 이 악어는 50개의 원뿔 모양 이빨과 놀랄 만큼 강력한 턱 근육으로 무장을 하고 있어 위험합니다. 가까이 가지 마세요!

## 현상수배 포상금 2000달러

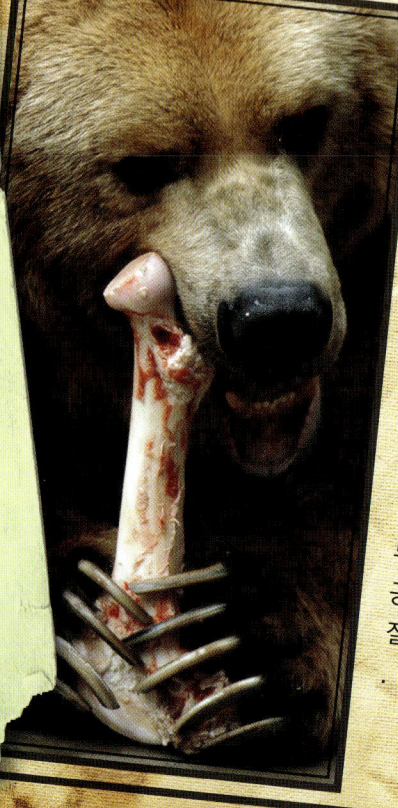

### 무시무시한 회색곰

키가 3미터에 달하는 회색곰은 치명적인 사냥꾼이에요. 주요 무기는 강력한 이빨과 턱, 접시 크기의 발, 그리고 구부러진 발톱이지요. 회색곰은 엄청난 몸무게와 힘을 무기와 함께 사용하기 때문에 매우 위험합니다. 무스 정도의 크기는 쉽게 공격할 수 있고, 한 번 물면 절대 놓아 주지 않아요.

## 송곳니를 조심하세요!

### 가분살모사

가분살모사는 2미터 길이의 거대한 뱀이에요. 생쥐, 쥐, 새 등 작은 동물들이 가분살모사의 이빨 자국을 몸에 남기고 죽은 채로 발견되었어요. 이 냉혈한 포식자는 번개같이 빠르게 접근해 길고 날카로운 송곳니로 먹잇감의 살을 찔러 치명적인 독을 퍼뜨리지요. 그러고는 먹잇감의 심장이 멈춰 쇼크로 사망할 때까지 기다린답니다.

## 현상 수배

### 거대한 모래뱀상어

깊은 바닷속 어두운 곳에 잠복해 있던 3.5미터 길이의 모래뱀상어가 갑자기 돌진하면 그 어떤 바다 생물이라도 놀랄 수밖에 없어요. 물고기, 오징어, 조개, 게 등 대부분의 바다 동물이 모래뱀상어의 먹잇감이랍니다.

## 현상수배

### 동물의 왕 사자

2.4미터 길이에 위장술도 뛰어난 이 사냥꾼은 풀숲에서 숨죽여 있다가 갑자기 튀어나오며 먹잇감을 잡아요. 거대하고 강력한 이빨과 날카롭고 구부러진 발톱으로 무장한 사자는 먼저 먹잇감의 목을 물어 죽인 후에 살을 뜯어 먹어요. 풍부한 사냥 경험과 무시무시한 공격력으로 가젤과 영양을 비롯해 쥐와 딱정벌레까지 다양한 동물들을 공격한답니다.

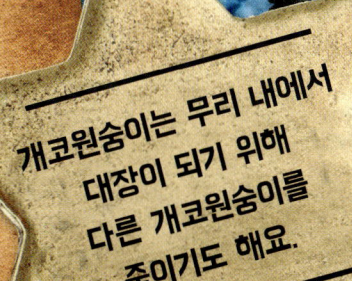

개코원숭이는 무리 내에서 대장이 되기 위해 다른 개코원숭이를 죽이기도 해요.

51

# 치명적인 방어 무기

어둡고 조용한 숲속, 포식자가 먹잇감을 몰래 뒤쫓아가서 가만히 숨어 있다가, 돌진하기 위해 준비를 하고 있어요! 그때 갑자기 두 개의 커다란 눈이 어둠 속에서 반짝입니다. 큰 고양이일까요? 뱀? 아니면 부엉이? 아니에요! 그것은 바로 가짜 눈이에요! 많은 동물들이 방어용으로 이용하는 눈이랍니다.

## 끔찍한 맛

피부의 끔찍한 맛이나 독으로도 포식자를 물리칠 수 있어요. 악취가 나는 동물을 물어뜯어 본 경험이 있는 사냥꾼들은 그 색깔이나 무늬 같은 특징을 기억해 두고 비슷한 모습의 먹잇감은 피한답니다.

◀ 아프리카거품메뚜기는 숨구멍에서 독성 거품을 내뿜어요. 이 거품은 매우 불쾌한 맛이 난답니다.

## 갑옷 장착!

빠르게 도망칠 수 없거나, 악취나 이상한 맛이 나는 방어 무기도 없는 동물들 중에는 또 다른 특징을 지닌 것들이 있어요. 아주 단단한 갑옷으로 몸을 감싸는 것이지요. 껍질이 단단한 동물로는 아르마딜로와 천산갑, 게, 바지락, 달팽이 등이 있어요. 이들은 껍질 속에 숨어 그저 포식자가 지나가기를 기다린답니다.

▶ 세띠아르마딜로는 피부 아래에 뼈판으로 된 보호용 등딱지를 가지고 있어요. 이 무기는 매우 유연해서 포식자가 나타나면 몸을 완전한 공 모양으로 말아서 그 안에 숨어들 수 있지요.

◀ 공작케이티디드(여치과 곤충)가 날개를 펼치면 깜짝 놀랄 수밖에 없어요! 거대한 눈이 나타나거든요.

## 죽은 척!

위협을 받으면 버지니아주머니쥐는 죽은 척하며 혀를 내밀고 항문으로 썩은 냄새가 나는 액체를 내뿜어요. 버지니아주머니쥐를 사냥하려던 포식자는 이미 죽어서 썩었다는 생각으로 그것을 먹으려 하지 않지요.

## 죽을 각오로 맞서기

위장술은 매우 훌륭한 방어 능력이에요. 주변 환경과 같은 색이나 무늬를 가진 동물들은 그저 가만히 있기만 해도 들키지 않을 수 있지요. 그럼에도 불구하고 들켰다면 어떻게 해야 할까요? 어떤 동물들은 몸을 더 커 보이게 하거나 무섭게 보이려고 해요. 꼿꼿하게 서서 무기를 보여 주거나, 큰 소리를 내거나, 몸을 흔들거나, 이상하게 보이려고 애를 쓴답니다.

# 짧은 수명, 긴 수명

왜 코끼리는 파리보다 오래 살까요? 파리와 코끼리는 정반대의 삶을 산다고 볼 수 있어요. 한쪽은 천천히 성장하면서 새끼들을 적게 낳고, 오랜 시간 새끼를 돌보며 살아요. 다른 한쪽은 짧게 살고 일찍 죽기 때문에 자주 짝짓기를 해서 최대한 많은 새끼를 낳으려고 하지요. 새끼들을 보살필 수는 없지만 말이에요.

**4개월**

축하합니다!

### 라보르드카멜레온

네 발 달린 척추동물 중 수명이 가장 짧아요. 라보르드카멜레온의 생애 주기는 마다가스카르의 계절 변화에 완벽히 맞춰져 있어요. 알에서 8개월을 보내고, 알에서 나와 죽을 때까지 4개월을 보내지요.

**1일!**

좋은 하루 보내요!

생일 축하해요!

태어난 지 **1일 차**

### 브라인슈림프

늙은 새우는 여름이 되어 소금 호수가 마르기 전에 알(내구란: 오랜 기간 휴면상태로 버틸 수 있는 알)을 낳아요. 비가 내리기 시작하면 알에서 새끼들이 부화한답니다. 수명은 보통 1년 정도로 알려져 있어요.

나는 태어난 지 3주 되었어요.

행복한 시간이에요!

### 하루살이

하루살이는 1~2년간 물속에서 유충으로 살아요. 그러다 마침내 제 모습을 갖추면 멋진 날개를 펼치고, 공중에서 짝짓기를 하고, 24시간 안에 죽는답니다. 딱 하루를 사는 거지요.

### 일벌

일벌은 매일 쉼 없이 일을 해요. 그만큼 엄청난 에너지가 소모되지요. 그래서 일벌은 평균 40~60일을 살아요. 알을 낳는 여왕벌은 5년을 살기도 해요.

**50세!**

### 마코앵무새

어떤 앵무새 종은 반세기, 즉 50년 동안 살기도 해요! 강력한 부리와 발톱, 게다가 잘 발달된 지능은 이 새들이 오래 생존할 수 있도록 해 준답니다. 서식지 환경이 좋을 경우 50년 넘게 살기도 한대요.

**생일 축하합니다!**

**70 오늘 70번째 생일!**

### 코끼리

거대한 크기에 센 힘까지 갖춘 코끼리는 포식자들의 공격에도 잘 살아남을 수 있어요. 무리를 지어 새끼들을 돌보기 때문에 어린 코끼리들의 생존 기간도 당연히 길고요. 평균 수명은 약 60~70년이에요.

**175세**

**오래 사세요!**

### 코끼리거북

느릿느릿한 움직임, 풍부한 먹이와 적은 천적, 갑옷 같은 두꺼운 껍데기 등 코끼리거북은 오래 살 수 있는 모든 조건을 갖추고 있어요! 수명은 180~200년으로 알려져 있답니다.

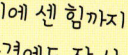

**오늘 220세**

**220세**

**생일 축하합니다!**

### 비단잉어

이 귀하고 품위 있는 관상용 물고기는 아름다운 색채뿐만 아니라 긴 수명 덕분에 많은 인기를 끄는 반려동물이랍니다. 평균 수명은 30~50년이지만, 일본의 '하나코'라는 잉어는 226년을 살았다는 소문이 있어요.

### 백합조개

백합조개는 최장수 기록을 보유하고 있어요. 어쩌면 사는 것이 지루할지도 모르겠네요. 어두운 해저에서 누운 채로 많은 날을 보낸답니다. 몇 년 전 무려 507년 된 조개가 발견되어 화제를 모으기도 했어요.

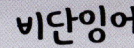

**400번째 생일!**

# 식사 시간

야생 동물들은 다음 식사를 언제 할 수 있을지 모르기 때문에 먹거리가 눈앞에 나타나는 즉시 먹어 치워요. 먹을 것이 많으면 배가 거의 터질 때까지 먹는 동물도 있답니다. 배불리 먹을 수 있는 기회가 곧바로 올지 안 올지 모르니까요.

▶ 브라이드고래는 크릴이나 작은 물고기 등을 물에서 걸러내 먹는 데 하루 종일 걸려요. 그렇게 하루에 먹는 식사량이 무려 3톤에 달하지요. 이는 사람이 7~8년 동안 먹는 음식의 양과 맞먹는 정도랍니다.

▼ 아프리카황소개구리는 이빨이 없기 때문에 쥐를 잡아 뜯거나 씹을 수 없어요. 대신 입을 크게 벌릴 수 있어서 먹이를 통째로 삼켜 버린답니다.

## 한입에 식사 해결!

한 번에 엄청난 양을 먹을 수 있도록 몸이 발달되어 있는 동물들이 많아요. 위가 늘어나는 동물도 있고, 턱이 크게 벌어지는 동물도 있지요. 먹이 경쟁자들이 곳곳에 잠복해 있는 환경에서는 빨리 먹는 게 최선이에요. 그래서 한입에 삼켜 버리는 경우가 많지요. 그런데 그러면 소화에 오랜 시간이 걸리기 때문에 배를 가득 채우자마자 안전한 곳으로 몸을 숨긴답니다.

## 저장소

어떤 동물들은 식량이 부족할 때를 대비해 먹고 남은 것을 저장하기도 해요. 다람쥐는 견과류를 땅에 파묻고, 악어는 물속 바위 밑에 가젤을 숨겨 두고, 호랑이는 사슴 사체 위에 잎과 흙을 덮어 둡니다. 이런 영리한 방법으로 동물들은 먹을 게 궁한 시기에도 굶어 죽지 않을 수 있어요.

▶ 표범은 자기 무게의 3배나 되는 사냥감을 나무 위로 끌어올릴 수 있어요. 그래서 자칼과 같은 경쟁자로부터 멀리 떨어져 식사를 즐길 수 있지요.

▼ 흰등독수리는 하이에나 무리가 도착하기 전에 죽은 기린을 먹기 위해 재빠르게 달려들어요.

## 사체 청소부

큰 동물의 사체는 많은 청소부(죽은 사체들을 먹는 동물을 청소부라고 부르기도 해요)들을 끌어들여요. 이미 죽은 동물에서 얻을 수 있는 고기도 귀중한 영양 공급원이기 때문이지요. 독수리와 하이에나가 가장 빨리 도착하는 대표적인 청소부랍니다. 다음으로 도착하는 청소부는 자칼이고요.

## 강력한 공격 한 방

포식자는 어떤 먹이와 어떻게 싸울지 신중하게 결정해야 해요. 씨름하려 하지 않아요. 포식자는 자신의 상태와 사냥감의 상태를 모두 살펴봅니다. 방금 식사를 마친 포식자는 포만감과 나른함 때문에 크고 힘이 센 먹잇감과 포적으로 점찍은 동물들은 힘이 약한 동물들을 잡을 때 얼마나 힘이 들지를 판단하지요. 어리거나 늙어서 상대적으로 힘이 약한 동물들은 야생에서는 조금만 다쳐도 돼요. 공격 자체는 빠르고 단호해야 하지요. 야생에서는 조금만 다쳐도 사냥 능력이 크게 떨어지거든요.

▶ 물개가 번개처럼 빠르게 다가와 날카로운 송곳니로 잽싸게 펭귄을 물어요. 펭귄의 힘이 약해지고 물개는 기름지고 통통한 살을 먹을 수 있게 되지요.

57

# 완벽한 동물은?

모든 동물은 자신의 서식지와 생활 방식에 잘 적응해요. 그런데 다른 비슷한 동물들에 비해 적응하는 능력이 유난히 뛰어난 동물들도 있어요. 놀라운 적응력을 가진 동물들의 특징을 한데 모아 합친다면 동물 왕국의 왕이 될 수 있을까요?

## 알락꼬리여우원숭이의 '꼬리'

이 여우원숭이의 꼬리는 뛰어난 균형 감각을 제공해 줄 뿐만 아니라, 기분이나 의도를 동료에게 전달하는 수단이 되기도 합니다. 일례로 수컷은 고약한 냄새를 뿜고 자기 영역을 표시하기 위해 꼬리를 흔들어요. 꼬리는 또한 집단 내 서열을 나타내며 짝을 유혹하는 수단이기도 하지요.

## 치타의 '몸'

유선형의 날씬하고 유연하고 가벼운 근육질 몸은 치타가 가장 빠른 동물이 될 수 있게 해 줘요.

## 게레누크의 '뒷다리'

날씬하고 튼튼한 이 영양은 뒷다리로 땅을 짚고 일어서면 키가 큰 나무의 잎사귀에 닿을 수 있어요. 다른 동물들은 거의 닿을 수 없는 높이지요.

서로 다른 생물들이 같은 곳에서 살아가는 '공생' 관계는 서로에게 좋을 수도 있고, 한쪽만 좋을 수도 있어요. 우선 서로에게 어떤 방식으로든 도움을 주는 공생 관계부터 살펴볼까요?

### 최고의 친구

말미잘과 흰동가리는 함께 조화를 이루며 살아요. 말미잘은 작은 물고기를 촉수로 쏘아 마비시켜 먹지만, 흰동가리의 끈적끈적한 피부에는 말미잘의 독침이 통하지 않아요. 말미잘은 흰동가리의 그런 특징을 알기 때문에 공격하지 않지요. 이 안전한 안식처에 대한 보답으로, 흰동가리는 말미잘이 청결하게 살아갈 수 있도록 촉수 사이에 있는 먹고 남은 찌꺼기나 해충을 먹어요. 말미잘은 흰동가리를 잡아먹는 포식자들을 촉수로 겁을 줘 쫓아내고, 흰동가리는 말미잘이 좋아하는 물고기들이 가까이 다가오게 유인해 준답니다.

▶ 흰동가리가 말미잘 주위와 사이를 헤엄치며 물의 순환을 활발하게 만들면 말미잘의 호흡이 원활해져요.

▶ 개미는 진딧물이 만드는 달콤한 꿀을 좋아해요. 꿀을 얻는 대신 개미는 진딧물을 다른 포식자로부터 보호해 주지요.

# 아군과 적군

아주 끔찍할 정도로 일방적인 관계도 있어요. 한쪽은 이익을 얻는 반면 다른 한쪽은 피해를 보는 숙주와 기생충의 상황이 그래요. 하지만 기생충에게도 균형과 절제가 필요해요. 숙주에게 너무 심각한 피해를 입히면 죽어 버려서 살 곳도 먹을 것도 사라져 버리거든요.

### 산 채로 야금야금

가장 비열한 기생충 중 하나는 살아 있는 애벌레의 몸에 알을 낳는 작은 말벌이에요. 말벌은 애벌레를 침으로 쏴 마비시킨 다음 몸 안에 알을 낳아요. 부화한 유충들은 숙주를 조금씩 갉아먹지요. 이로 인해 애벌레는 서서히 죽어간답니다.

▼ 토마토뿔벌레라고도 부르는 박쥐나방의 애벌레가 기생 말벌에 뒤덮였어요. 부화한 말벌 유충이 갉아먹어 빈 껍질만 남을 때까지 애벌레는 힘겹게 살아가다 죽고 말지요.

## 먹이를 위한 경호대

작고 부드러운 진딧물은 늘 무방비 상태지만, 개미 집단이 돌봐줄 때만은 예외랍니다. 진딧물이 식물의 수액을 먹는 동안, 근처에 있는 개미들은 주위를 순찰하며 무당벌레와 같은 진딧물의 적을 쫓아내요. 보호의 대가로, 개미들은 진딧물이 만들어 낸 달콤한 꿀 같은 액체를 받아먹지요.

▼ 이 임팔라는 붉은부리소등쪼기새에 의해 '청소되고' 있어요. 붉은부리소등쪼기새가 임팔라의 몸에 있는 해충을 잡아먹거든요. 해충 제거뿐만 아니라, 임팔라가 상처를 입어 피부가 벌어진 부분이 있으면 상처를 벌려 피를 먹기도 해요. 도움을 주는 동시에 기생자가 되기도 하는 것이지요.

## 재빠른 청소부

소등쪼기새는 이름처럼 소의 등만 쪼는 것이 아니라 영양, 가젤, 기린, 얼룩말, 코뿔소 등 다양한 동물의 몸에 붙어요. 특히 손이나 입이 닿기 어려운 부위에 있는 이, 벼룩, 진드기 같은 해충을 먹고 살며, 때로 벌어진 상처에서 나온 피를 먹기도 한답니다.

▶ 다 자란 뻐꾸기는 자기를 열성적으로 먹여 키운 종달새 양부모보다 덩치가 훨씬 커요. 하지만 종달새는 새끼를 잘 먹이고 싶어 하는 모성애가 워낙 강해서 자기보다 훨씬 큰 뻐꾸기가 진짜 자기 새끼가 아니라는 것을 알아채지 못한답니다.

## 사기꾼 뻐꾸기

알을 낳는 기생 동물 중에는 번식기에 다른 동물이 자신의 새끼를 키우도록 하는 동물도 있어요. 일례로 암컷 뻐꾸기는 다른 새의 둥지에 알을 낳아요. 새끼는 부화해서 다른 알을 밀어내고, 가짜 부모에게 먹이를 달라고 하지요. 또 다른 기생 동물로는 찌르레기, 천인조, 꿀잡이새 등이 있답니다.

# 화려하고 눈부신 쇼 타임!

**관심 끌기**
짝을 차지하기 위해 상대를 유혹하는 것은 구애 활동의 일부일 뿐이에요. 동물들은 구애 행동을 통해 자신의 짝을 빼앗으려는 경쟁자와 싸우기도 해요.

대부분의 동물들은 포식자의 눈에 띄지 않기 위해 얌전히 시간을 보내요. 하지만 짝짓기를 위해 상대를 불러들이거나 경쟁자나 적이 접근하지 못하도록 하려면 독특한 특징을 뽐내며 자신을 알릴 필요가 있지요.

**반짝거리는 유혹**
날개가 없는 암컷 딱정벌레는 짝짓기를 위해 날개 달린 수컷을 유인하려고 몸에서 빛을 냅니다.

**멋진 목도리**
번식기가 되면 목도리도요 수컷은 돋보이기 위해 아름답고 부드러운 목 깃털을 한껏 세우고 뽐을 내지요.

**이유 있는 몸싸움**
암컷 산토끼는 수컷의 건강, 속도, 반응, 체력을 시험하기 위해 수컷과 '복싱'을 할 준비를 해요. 스스로 대결 상대가 되는 셈이지요.

**한껏 부풀린 목**
수컷 큰군함조는 암컷을 유혹하기 위해 목주머니를 크게 부풀려서 눈에 띄려고 해요.

## 환심을 사려는 노력

동물들의 구애는 단순히 재미로 잠깐 추파를 던지는 것이 아니에요. 오히려 진지한 시험과도 같지요. 각각의 파트너는 상대방이 자신과 잘 맞고, 강하고, 건강한지 확인해 좋은 유전자를 자손에게 물려주려고 한답니다.

### 화려한 깃털
수컷 공작새 한 마리가 빛나는 녹색 꼬리를 활짝 펴서 암컷 공작새에게 깊은 인상을 남겨요. 꼬리 색이 밝을수록 더욱 매력적으로 보인답니다.

### 먹이 선물
유럽벌잡이새 한 쌍은 구애를 할 때 나비처럼 날갯짓을 하면서 서로에게 먹이를 줘요.

### 불룩한 코
수컷 두건물범은 코에 피부로 된 주머니가 있어요. 그것을 풍선처럼 부풀려서 암컷을 유혹하지요.

### 목 부채
수컷 아놀도마뱀은 짝을 유혹하기 위해 화려한 목 부채, 즉 군턱(턱 밑에 처진 살)을 내밀어요.

# 똑똑한 동물들

**Q** : 침팬지, 돌고래, 문어, 코끼리, 앵무새, 개, 원숭이의 공통점은 무엇일까요?

**A** : 동물 세계에서 가장 똑똑한 동물들이라는 거예요. 도구를 사용한다거나, 문제를 해결한다거나, 또 팀을 이루어 일을 하는 등 영리하며 기발하며 재주가 좋지요.

## 도구 사용

많은 동물들이 얻기 힘든 먹이를 먹기 위해 놀라운 기술을 개발해요. 이집트대머리수리는 단단한 알을 깨기 위해 돌을 망치처럼 사용하고, 딱따구리핀치는 잔가지나 선인장 가시를 이용해 나무 구멍에 사는 곤충 유충을 빼 먹어요. 가장 뛰어난 동물은 침팬지예요. 도구를 사용할 뿐만 아니라 상황에 알맞게 도구를 개조하기도 하지요. 예를 들어 긴 막대 끝을 씹어서 부드럽고 끈적이게 만든 다음 흰개미 둔덕에 찔러 넣어 흰개미들이 붙어 나오게 한답니다.

이집트대머리수리가 돌을 망치처럼 사용해 아주 단단한 타조알을 깨려고 해요. 그 안에는 영양분이 풍부한 먹이가 있거든요.

침팬지는 흰개미를 먹기 위해 아주 영리한 방법을 써요. 막대를 낚싯대처럼 사용하는데, 끝부분을 씹은 다음 둔덕에 찔러 넣어 거기에 흰개미들이 들러붙어 나오게 하지요.

핏줄문어(코코넛문어 또는 정맥문어라고도 불러요)는 버려진 꼬막 껍질을 은신처로 쓰기 위해 들고 다녀요.

## 문제 해결 능력

Q : 타고난 몸이 약하다면, 자신을 노리는 배고픈 적들로부터 어떻게 피신할까요?

A : 다른 무언가의 도움을 받아요. 소라게가 이런 방식을 잘 활용하지요. 소라게는 속이 빈 고둥류의 껍데기들 중에서 자기 몸에 가장 잘 맞는 것을 골라 들어앉아요. 작은 물고기와 문어도 빈 조개껍데기를 임시 거처로 이용한답니다.

### 특별한 저장 창고

도토리딱따구리는 나무 기둥을 쪼아 만든 구멍에 도토리와 다른 견과류를 끼워 놓아요. 해마다 더 많은 구멍을 내면서 말이지요.

돌고래들은 딸깍 소리와 끽끽 소리로 '대화'를 하면서 정어리를 한곳에 몰아넣어요. 잡아먹기 쉽도록 말이에요.

### 드림 팀

팀을 이루어 일하는 동물들의 각 구성원은 팀 내 자신의 위치와 역할에 대해 잘 알고 있어요. 개미는 몇 가지 단순한 본능에 따르는 동물이기 때문에, 새로운 상황에 적응하는 경우가 거의 없어요. 하지만 돌고래는 달라요. 바다에 물고기 수가 줄어들자 돌고래들은 먹이를 구할 새로운 방법을 찾기 시작했어요. 예를 들어 어부들이 쳐 놓은 어망을 쫓아다니며 그물에서 탈출하는 물고기를 잡아먹기도 한답니다.

베짜기개미들은 둥지를 만들기 위해 여러 팀으로 나뉘어요. 한 팀은 잎 가장자리를 턱으로 잡고, 다른 팀은 고치를 만들려는 애벌레들을 데려와 그 실로 잎 가장자리를 이어 붙인답니다.

## 무리의 힘

무리를 지어 생활하거나 함께 이동을 하는 방식으로 많은 이점을 누리는 동물들이 있어요. 수가 많아지면 그만큼 많을 보는 눈이 많아지고, 새끼를 보호할 수 있는 방어용 무기가 많아지며, 먹이를 움직이기 위한 이빨과 발톱이 많아지거든요.

### 몸으로 만든 다리

개미 떼, 특히 이동 중인 군대개미 무리에게는 길에 틈이 벌어져 있어도 아무런 문제가 되지 않아요. 자기들의 몸으로 다리를 만들거든요. 군대개미들은 다른 동료 개미들이 다리를 건널 수 있도록 서로의 다리를 겹쳐서 단단하게 잡아요. 다리가 된 개미들은 몇 시간 동안 이렇게 잡아야 할 수도 있고, 동료들이 밀려오면 죽을 수도 있어요.

### 떼로 하는 이주

어떤 동물들은 기후 변화나 계절에 의한 식량 부족 때문에 '이주'라고 불리는 연례 또는 정기적인 여행을 떠나요. 매년 우기가 시작되면 호주의 크리스마스섬 홍게들은 떼를 지어서 해안으로 가지요. 수백만 마리의 새끼들이 한꺼번에 얼음 낳기 위해서지요. 떼를 지어 이동하는 모습이 위에 거대해서 마치 태어나 얼음 낳기 위해서지요. 떼를 지어 이동하는 모습이 위에 거대해서 마치 적조처럼 보인다고 해요.

## 사나운 곤충 무리

메뚜기들이 번식하고 수를 늘리려면 몇 달간 좋은 조건이 필요해요. 그들은 점차 거대한 무리를 이루고, 한 지역의 초목을 전부 먹어 치울 수도 있어요. 수억 마리의 메뚜기 떼는 새로운 녹지를 찾아 계속 이동하면서 농작물을 급속히 초토화시킬 수 있지요.

## 야생 들개의 사냥

아프리카 들개들에게는 팀을 이루어 자기 몸보다 20배나 더 큰 먹이를 잡을 수 있어요. 앞장선 들개가 어리거나 늙거나 병든 영양을 덮쳐 앞으로 고꾸라지면, 들개 무리는 몇 마일이든 뒤쫓기에 영양을 쫓아가요. 그러다 영양이 지쳐서 쉽게 죽일 수 있는 상태가 되면 다 같이 달려든답니다.

물속에 누군가의 피가 퍼지면 붉은배피라냐 무리가 미친듯이 몰려들어요. 먼도날처럼 날카로운 이빨을 드러내며 맹렬하게 달려들지요. 아주 빠르고, 치명적인 공격이랍니다.

# 이상한 새끼 동물들

많은 동물의 부모들은 보살핌 본능이 강하고, 심지어 새끼를 구하기 위해 목숨을 걸기도 해요. 또 어떤 동물들은 자손에게 최고의 생존 기회를 제공해 주기 위해 위험한 곳에서 새끼들을 보살피기도 하지요. 일부 동물의 새끼들은 완전히 발달하지 못한 상태로 태어나기도 하는데, 매우 연약한 그들은 지속적인 보살핌을 필요로 해요. 그런 새끼들의 생김새는 부모와 완전히 딴판이지요. 사실, 정말 이상하게 생긴 새끼 동물들도 있답니다.

▼ 암컷 대왕판다는 한 마리의 새끼를 낳는데, 2년 혹은 그 이상도 함께 지내요. 새끼가 젖을 떼고 나면(첫해 이후), 어미는 먹이를 구하러 한 번에 며칠 동안 나가 있기도 한답니다.

## 미니미 또는 변태

바다표범 새끼를 비롯한 몇몇 동물들의 새끼들은 부모를 꼭 닮았어요. 부모의 아주 작은 버전이지요. 반면, 올챙이와 애벌레는 태어날 때부터 성충이 될 때까지 극적인 변화를 거쳐요. 변태라 불리는 이러한 급격한 형태의 변화는, 부모와 새끼들이 다른 환경에서 살고 다른 먹이를 먹도록 해 줌으로써 부모와 새끼가 서로 경쟁하는 것을 막아 준답니다.

## 털이 없는 분홍색

많은 포유류와 조류의 새끼들은 분홍빛을 띠고 털이 없는 채로 태어나요. 눈과 귀는 닫혀 있고, 오직 먹고 잘 수만 있지요. 어미는 새끼를 둥지나 굴에 숨긴 후 먹이를 찾으러 떠났다가 돌아와요. 새끼들은 보호와 생존을 전적으로 어미에게 의존하지요.

▶▲ 대부분의 애벌레는 어미가 알을 낳은 지 며칠 후에 부화한 새끼들이에요. 애벌레는 번데기가 되었다가 성충이 될 때까지 엄청난 양의 잎을 먹는답니다.

▼ 바다표범의 새끼는 하얀 털을 가지고 태어난다는 점을 제외하면 부모를 꼭 닮았어요. 어미의 풍부한 젖을 먹으면서 비슷한 크기의 다른 어떤 포유류보다 빨리 자란답니다.

▶ 갓 태어난 캥거루는 팔다리가 완전히 발달하지 않은 상태예요. 하지만 태어나자마자 어미의 털을 딛고 주머니까지 올라가야 하지요. 캥거루 새끼는 어미의 젖꼭지에 붙어서 젖을 먹으며 떠날 준비가 될 때까지 약 6개월 동안 주머니 안에서 자라요.

## 미성숙한 탄생

캥거루, 코알라, 웜뱃, 주머니쥐와 같은 유대류는 발달의 매우 초기 단계에서 태어나요. 많은 유대류 새끼들은 눈이나 귀가 온전하지 못하고, 별다른 특징이 없는 팔다리는 마치 꽃봉오리 같아요. 이들은 어미의 주머니 속에서 꿈틀거리며 간신히 젖꼭지를 물고, 젖을 먹는 것 외에는 거의 아무것도 하지 않아요. 그렇게 다른 포유동물들이 자궁에서 겪는 발달 단계를 주머니 속에서 거친답니다.

▶ 임신 기간이 가장 짧은 포유류 중 하나인 버지니아주머니쥐는 자신의 젖꼭지보다 더 작은 크기의 분홍빛 새끼를 낳아요(아래 사진). 일부 새끼들은 죽기도 하는데 살아남은 새끼들은 어미 등에 올라탈 수 있을 정도로 자란답니다(위 사진).

# 똑똑한 건축가

어떤 동물들은 혼자서, 또는 무리를 이루어 놀라운 구조물을 만들어요. 새끼를 보호하기 위한 둥지, 한 곳에서 다른 곳으로 이동하기 위한 다리, 먹이를 잡기 위한 덫 등 그들이 만드는 모든 것은 목적이 있어요. 건축 방법은 각각의 서식지에서 이용 가능한 재료에 따라 다르답니다.

## 어마어마한 크기

어떤 동물들은 자신의 크기에 비해 훨씬 거대한 건축물을 만들어요. 흰개미는 완두콩만 한 크기의 곤충이지만, 그들이 만든 둔덕은 높이가 10미터가 넘기도 해요. 얼마나 거대한지 사람들이 구경을 오기도 한답니다. 또 다른 거대한 동물의 집은 미국 텍사스에서 발견된 프레리도그가 만든 터널이에요. 이 터널은 6만 제곱킬로미터였고, 4억 마리의 설치류가 들어갈 수 있는 크기였어요.

▪ 성인 남자

▪ 10미터 높이의 흰개미 둔덕

◀ 땅 위로 보이는 흰개미 언덕의 대부분은 햇볕에 그을린 흙으로 만들어졌고, 속이 비어 있어요. 굴뚝인 셈이지요. 진짜 집은 지하에 있고, 굴뚝은 에어컨의 역할을 해요. 정말 영리하지요?

◀ 베짜기새는 잎사귀와 줄기를 찢어 꼼꼼하게 엮는 식으로 공이나 플라스크 모양의 둥지를 만들어요.

## 완벽한 집

동물들은 종종 둥지나 굴을 만들어 짧은 시간 동안만 살아요. 주로 새끼를 키우기 위해서 만들지요. 동물들의 행동은 대부분 본능적이지만, 연습을 통해 기술은 더 좋아져요. 둥지는 풀과 진흙 같은 다양한 천연 물질과 깃털이나 털 같은 다른 동물들의 몸에서 나온 물질로 만든답니다.

▶ 들쥐의 번식용 집은 테니스공보다 작아요. 들쥐는 땅 위 높은 줄기 사이에 집을 짓기 때문에 어린 새끼들을 위험으로부터 보호할 수 있어요.

◀▼ 비버의 집은 꽤 크답니다. 너비 20미터, 높이 5미터짜리도 있어요.

## 성처럼 거대한 집

비버는 나뭇가지, 돌멩이, 잔가지, 진흙 등으로 튼튼한 집을 지어요. 나무를 조심스레 쓰러뜨리고 거기에 달린 나뭇가지를 물어뜯어 집을 계속 보강해 나간답니다. 이런 식으로, 굶주린 늑대나 곰조차 침입할 수 없는 놀랍도록 튼튼한 요새가 만들어져요.

# 최고로 힘센 동물

## 육중한 몸

코끼리는 코로 통나무 같은 무거운 것을 1톤까지 들어올릴 수 있어요. 하지만 문제없어요. 코끼리의 몸무게는 5톤에 달할 만큼 엄청나거든요. 그런데 힘의 세기를 더 공정하게 가늠하려면 몸무게와 비교를 해 보아야 해요. 이렇게 따져 보면 코끼리의 경우, 1톤짜리 무게는 체중의 5분의 1에 불과하지요.

◀ 코끼리는 육지 동물 중 가장 힘이 세요. 거대한 몸집 덕분이지요.

코끼리는 몸무게의 5분의 1에 달하는 물체를 들어 올릴 수 있어요.

역도 선수는 몸무게의 3배 이상을 들어올릴 수 있지만, 일부 곤충에 비하면 그것도 적은 무게랍니다. 사실 사람은 점프 능력, 당기는 힘, 무는 힘 등 다른 면에서도 동물들에 비해 약해요. 하지만 우리는 한 가지 면에서는 챔피언이에요. 온갖 활동을 할 수 있다는 점에서 말이지요.

족제비는 자신의 몸무게보다 30배가 넘는 것을 들어올릴 수 있어요.

족제비는 세계에서 가장 작은 육식 동물로, 어떤 종은 몸무게가 30그램을 겨우 넘어요. 족제비들은 살아남기 위해 매일 자기 몸무게의 3분의 1 이상을 먹어야 하며, 1킬로그램 이상의 토끼고기를 먹을 수 있어요.

쇠똥구리는 자기 무게보다 1000배가 넘는 것을 끌어당길 수 있어요.

▶ 쇠똥구리는 몸무게의 30배에 달하는 똥 덩어리를 굴릴 수도 있답니다.

개미는 몸무게의 최대 50배에 달하는 것을 들어올릴 수 있어요. 그것을 들고 꽤 먼 거리를 이동할 수도 있지요.

## 굴려서 만든 집

쇠똥구리는 코뿔소, 늑대, 영양, 코끼리, 고양이 등 여러 동물들의 배설물을 공 모양으로 만들어요. 똥이 여전히 촉촉한 상태일 때, 쇠똥구리는 그것을 공처럼 굴려 적당한 장소로 옮기고, 그 안에 알을 낳고 묻는답니다. 유충들은 부화하면 똥을 먹고 살아요.

## 무는 힘

물어뜯는 힘은 그 힘을 쓰는 동물이 화가 났는지, 긴장이 풀렸는지, 이빨과 턱을 모두 사용했는지에 따라 달라져요. 사자, 하이에나, 상어, 악어는 모두 입으로 물어서 사냥감의 뼈를 쉽게 부술 수 있을 만큼 무는 힘이 아주 강력해요. 멸종된 공룡인 티라노사우루스는 아마도 지금까지 살았던 동물들 중 무는 힘이 제일 강했을 거예요.

상어의 무는 힘은 사람보다 60배나 더 세답니다.

▶ 백상아리는 턱의 힘이 강해서 아주 세게 물 수 있어요. 그러나 상대방에게 더 치명적인 상처를 입히는 무기는 살과 뼈를 쉽게 자를 수 있는 면도날 같은 이빨이랍니다.

# 나를 찾아봐!

부러진 나무 그루터기는 누구의 관심도 끌지 않아요. 낮에 쉬다가 밤에 활동하는 큰쏙독새에게는 잘된 일이지요. 나무인 척 할 수 있거든요.

동물의 세계에서 가장 오래된 속임수 중 하나는 몸의 형태, 색깔, 무늬, 또는 질감을 주변 환경과 똑같게 바꾸는 것이에요. 위장술은 먹잇감에게 들키지 않게 숨거나, 포식자의 눈에 띄지 않기 위한 시각적인 속임수랍니다.

## 완벽한 위장

색깔, 무늬, 모양뿐만 아니라 움직임도 위장술의 중요한 요소랍니다. 갑자기 움직이면 주변 환경에 완전히 녹아들지 못하니까요. 완벽한 위장에 성공하기 위해서는 매우 조심스럽게 움직여야 해요. 만약 나뭇잎이 바람에 날리면, 나뭇잎인 척하던 동물은 잎에 매달려 함께 흔들려야 하지요. 그러지 않으면 발각될 수 있어요.

임페리얼나방은 숲의 바닥에 쌓인 낙엽과 거의 구별되지 않을 정도로 비슷하게 생겼어요. 이들은 잎 더미와 함께 바스락거리고 나풀대야 한답니다.

잎꼬리도마뱀붙이는 계속 숨어 있기 위해 움직이지 않거나, 바람을 따라 움직이거나, 낙엽이 움직이는 대로 따라 움직여야 한답니다.

## 자세히 들여다보면

어떤 포식자들은 위장을 하거나 흉내를 내지 않아요. 숲 개구리, 사막 두꺼비, 흙에 사는 거미들은 지나가는 먹이를 잡기 위해 눈과 귀만 내놓고 땅속에 몸을 숨긴답니다. 사냥감이 아주 가까이 다가올 때까지 몇 시간 동안 그렇게 있지요.

차코뿔개구리는 딱정벌레나 유충이 지나가기를 기다리며 흙에 거의 묻힌 상태로 있어요.

비티스패링고이의 코와 눈은 주변의 사막 모래 알갱이와 거의 똑같아요. 사냥감을 참을성 있게 기다리면서 거의 완전히 몸을 감출 수 있지요.

상어의 색깔은 먹잇감에게 몰래 다가가는 데 도움이 된답니다. 어두운 윗면(등 쪽)은 해저와 어우러지고, 옅은 아랫면(배 쪽)은 위의 옅은 물과 어울리거든요. 햇빛에 노출된 부분은 어두운색, 그늘진 부분은 밝은색이 되는 현상인 '방어피음' 덕분이지요.

## 큰 덩치 숨기기

덩치가 클수록 숨기가 더 어렵지요. 몸집이 큰 고양잇과 동물들은 자신의 서식지에 잘 맞는 최고의 위장 색깔과 무늬를 가지고 있답니다. 사자는 아프리카 사바나의 건조하고 마른 풀과 먼지가 많은 토양과 비슷한 황갈색이에요. 호랑이 줄무늬는 덤불이나 관목과 잘 어우러져 사냥에 효과적이랍니다. 표범과 재규어는 나뭇가지와 잎사귀에 비친 얼룩덜룩한 그림자를 닮은 무늬가 있어요.

사자가 자신의 몸 색깔과 비슷한 풀 사이에서 몸을 웅크린 채 가만히 있어요. 사냥감이 다가오기를 기다리면서 말이지요.

# 가장 커다란 동물들

지구 곳곳에는 거대한 크기의 동물들이 살고 있어요. 몸집이 큰 동물은 포식자들을 쉽게 쫓아낼 수 있고, 힘이 세며, 다른 동물들이 먹을 수 없는 높은 곳에 있는 것도 먹을 수 있어요. 단점이 있다면, 커다란 몸에 필요한 에너지를 얻기 위해 많은 양을 먹어야 한다는 것이지요.

### 대왕고래
세상에서 가장 큰 동물
- 몸길이 : 32미터
- 몸무게 : 198톤
- 하루 동안 먹는 양 : 3.5톤
- 꼬리 너비 : 7.6미터
- 혀의 무게 : 6톤
- 최고 속도 : 시속 48킬로미터
- 심장의 무게 : 600킬로그램

### 가장 큰 조류
타조는 새 중에서 키가 제일 클 뿐만 아니라 체중도 가장 많이 나가요. 최고로 빨리 달리는 새이기도 하지요. 시간당 최대 96킬로미터의 속도로 달릴 수 있답니다. 알도 모든 알들 중에서 가장 커요. 타조알은 무게가 무려 1.4킬로그램이나 된답니다.

### 가장 큰 유인원
몸집이 큰 수컷 고릴라는 달려들고, 포효하고, 가슴을 치는 등의 위협적인 행동으로 적의 공격으로부터 무리를 보호해요.

### 가장 큰 유대류
수컷 붉은캥거루는 강한 꼬리와 날카로운 발톱을 가진 힘이 센 유대류예요. 암컷을 차지하기 위해 수컷들은 근육질의 뒷다리로 강력한 발차기를 하면서 서로 싸우기도 해요.

### 타조
- 키 : 최대 2.7미터
- 몸무게 : 최대 140킬로그램

### 코디악불곰
- 키 : 2.4미터
- 몸무게 : 최대 545킬로그램

### 붉은캥거루
- 키 : 1.6미터
- 몸무게 : 최대 90킬로그램

### 고릴라
- 키 : 1.8미터
- 몸무게 : 최대 220킬로그램

### 시베리아호랑이
- 길이 : 머리에서 꼬리까지 3.3미터
- 몸무게 : 최대 300킬로그램

### 가장 큰 고양잇과 동물
근육질의 힘센 포식자인 시베리아호랑이는 사슴과 같은 큰 먹이를 한 손으로 쓰러뜨리기 위해 매복하다가 습격하는 전술을 사용해요.

### 육지의 가장 거대한 육식 동물
코디악불곰은 다른 대형 포식자들을 위협하기 위해 자신의 큰 몸집을 이용해요. 코디악불곰에게 싸움을 거는 동물은 별로 없지만, 싸움이 일어날 경우 엄청난 힘과 덩치로 주로 이긴답니다.

# 무시무시한 자연

놀랄 준비하세요! 무시무시한 이빨과 발톱으로 무장하고 당장이라도 싸울 준비가 된 동물들을 만나 볼 거예요. 치명적인 독부터 전기 충격까지, 다양한 무기를 장착한 동물들이 있어요.

| | |
|---|---|
| 싸우는 가족 | 80 |
| 조용한 암살자 | 82 |
| 완벽한 포식자 | 84 |
| 싸움의 승리자 | 86 |
| 무시무시한 거미 | 88 |
| 사나운 새 | 90 |
| 흡혈 동물 | 92 |
| 강력한 이빨과 턱 | 94 |
| 튼튼한 발톱 | 96 |
| 고양잇과 동물들 | 98 |
| 잔인한 벌레 | 100 |
| 냉혈 사냥꾼 | 102 |
| 강에 사는 괴물들 | 104 |
| 박살내고, 치고, 때리고! | 106 |
| 극한의 서식지 | 108 |
| 집단 사냥 | 110 |
| 슈퍼 파워! | 112 |

◀ 백상아리는 단검같이 생긴 날카로운 이빨로 언제든지 사냥감을 물어뜯을 준비가 되어 있어요.

# 싸우는 가족

동물 세계에서는 가족이라고 해서 항상 즐겁고 재미있지는 않아요. 가족 간에도 많이 싸우고, 싸움에는 또 많은 이유가 있답니다. 주로 먹이가 큰 이유가 되지요. 하지만 공공의 적과 싸워야 할 상황이 되면 힘을 합친답니다.

### 오리들의 싸움

오리들은 서로를 향한 공격성이 강한 편이랍니다. 오리들은 맞닥뜨리는 어린 오리를 공격하고 죽이기도 해요. 간혹 암컷 오리들은 자기 새끼를 알아보지 못해 죽이기도 하는 것으로 알려져 있어요. 그래서 오리의 삶은 늘 위태롭지요. 수컷 청둥오리들은 번식 기간에 영역과 짝을 차지하기 위해 서로를 맹렬하게 공격해요. 그럼에도 청둥오리는 여러 종류의 오리 중 가장 널리 퍼져 있는 오리라는 점이 그저 놀라울 따름이지요.

수컷 청둥오리는 상대방의 머리를 물 아래로 밀어넣어 숨을 못 쉬게 만들기도 해요.

### 거대한 코끼리들의 싸움

우애가 좋던 코끼리들도 짝짓기 기간이 되면 사이가 나빠져요. 코끼리 무리는 암컷이 이끌기 때문에, 수컷은 성년이 되면 무리에서 쫓겨나 평원에서 살아가지요. 그렇게 수컷 코끼리는 외톨이가 되지만, 종종 형제나 사촌 또는 가장 친한 친구와 함께 다니거나 여행을 떠나기도 한답니다. 그러다가 발정기가 되면 수컷의 공격성이 강해지고, 광란의 싸움이 시작돼요. 짝을 차지하기 위한 경쟁에서는 가족이고 뭐고 없어요. 아무리 가까웠던 사이라도 심각한 부상을 입히고, 심지어 죽음에까지 이르게 하는 격한 싸움을 벌인답니다.

보츠와나에서 두 수컷 코끼리들이 서로를 찌르고 머리로 들이받고 격렬해지면, 엄니가 패권을 차지하기 위해 긴 엄니로 있어요. 때때로 싸움이 너무 부러지기도 한답니다.

## 강한 모성

어미 곰보다 위험한 동물은 거의 없어요. 모성 본능이 강한 암컷 곰은 평소 유순하다가도 새끼를 보호해야 할 때가 되면 돌연 가장 강력하고 치명적인 동물로 변한답니다. 공격할 대상의 크기와 상관없이 어미 곰은 발톱과 턱을 사용해 죽을 때까지 싸워 새끼를 지켜요. 적이 죽었다고 판단되기 전까지는 공격을 멈추지 않지요.

뻐꾸기는 다른 새의 둥지에 자신의 알을 넣어 두어요. 그렇게 다른 새가 자신의 새끼를 정성스레 키우게 하지요.

## 다른 둥지에서 자라는 뻐꾸기

새끼를 키우는 일은 힘들어요. 사방에 위험 요소들이 많이 있지요. 하지만 동물들은 자신의 유전자가 다음 세대로 안전하게 이어지기를 원해요. 그래서 어떤 부모는 잔인한 방법을 통해 새끼를 키우기도 하지요. 뻐꾸기는 기생이라는 방법을 선택한답니다. 다른 새의 둥지에 알을 낳지요. 뻐꾸기의 새끼들은 부화해서 둥지에 있던 원래 새끼들과 알을 둥지 밖으로 밀어내요. 둥지의 주인은 그 사실을 모른 채 뻐꾸기를 열심히 기른답니다. 뻐꾸기 새끼들은 둥지 주인의 새끼가 내는 울음소리도 흉내 내면서 그 자리를 지켜요.

큰곰 새끼가 힘센 수컷 곰과 맹렬하게 싸우는 어미 곰을 보고 있어요.

어린 여우 새끼들은 태어나서 16주가 되는 시기까지 서로 싸우면서 놀아요.

> 싸움에서 이긴 수컷 코끼리들은 1년 안에 30마리의 암컷과 짝짓기를 할 수 있고, 많은 자손을 남길 수 있어요.

## 싸움 기술 훈련

생존에 필요한 빠른 속도와 정확한 공격은 습득에 오랜 시간이 걸리는 기술이기 때문에 여우 새끼들은 걷게 되자마자 싸움 기술을 익혀요. 주로 형제, 자매, 남매가 같이 사냥과 방어 기술을 익히면서 놀이를 하듯 서로 때리고 약하게 물면서 연습을 해요.

# 조용한 암살자

지구에는 3000여 종의 뱀이 있고, 그중에는 치명적인 뱀도 있어요. 비늘로 덮인 유연한 몸으로 조용히 움직이는 뱀은 세상에서 가장 강력하고 위험한 자연 물질인 독을 가지고 있답니다. 사람들의 거주지 근처에 사는 뱀은 실제로 매우 위협적이고 사람들을 죽음에 이르게 하기도 해요. 인도코브라 한 마리는 해마다 수천 명의 사람을 위험에 빠지게 한답니다.

▲ 킹코브라는 세상에서 가장 긴 독사예요. 몸길이가 무려 4.6미터나 된답니다.

## 빠른 코브라

코브라는 널리 분포해 있는 뱀으로, 사람이 물리면 죽음에까지 이를 수 있는 치명적인 독사랍니다. 모든 독사는 송곳니를 가지고 있는데, 코브라의 송곳니는 속이 비어 있고 무언가를 물면 독이 흘러나와요. 대부분의 코브라는 날씬한 몸을 가지고 있고, 빠르게 이동해요. 특히 블랙맘바는 사람이 달리는 것보다 더 빠르게 움직일 수 있어요. 아주 적은 양(1달러 지폐 무게 정도밖에 되지 않는)의 독도 50명의 목숨을 앗아갈 수 있을 만큼 강력하답니다.

## 타이팬

타이팬은 세상에서 가장 치명적인 독을 가진 무시무시한 맹독성 독사예요. 상대의 호흡 기관 근육을 마비시키며 신경계를 공격하지요. 타이팬은 먹잇감이 완전히 죽은 후에 잡아먹어요. 호주의 외딴 지역에 서식하고 있지요.

▲ 타이팬의 독 한 방울은 100명의 사람을 죽일 수 있어요.

▶ 악질방울뱀의 송곳니는 피부와 같은 막으로 싸여 있어요. 이 독니로 먹잇감을 물면 막이 걷히고 많은 양의 독이 주입되지요.

지구상에 존재하는 3000여 종의 뱀 중에 약 600종이 독사랍니다. 전체의 3분의 1 정도가 사람들에게 위험한 셈이지요.

## 사나운 독사

독사도 속이 빈 송곳니를 가지고 있는데, 그 길이는 코브라의 송곳니보다 길어서 5센티미터 정도예요. 송곳니는 사용하지 않을 때 접히기도 한답니다. 송곳니에 있는 분비샘에서는 순환계를 공격하는 독이 나와요. 몸에 독이 들어가면 신체 조직과 근육이 파괴되지요. 또한 독사의 머리에는 열을 감지하는 감각 기관이 있어서 어둠 속에서도 사냥감의 위치를 파악할 수 있어요.

## 또 다른 사냥 방법

▶ 비단뱀은 사냥감의 크기와 모양을 잘 확인한 다음 입을 크게 벌려 꿀꺽 삼켜요.

보아뱀과 비단뱀은 먹이를 죽이기 위해 독을 사용하지 않아요. 대신 조용히 다가가 거대한 몸으로 먹잇감을 조여서 죽여요. 그래서 자신보다 더 큰 몸집의 동물도 잡아먹을 수 있지요. 그들의 사냥법은 길고 튼튼한 근육질 몸으로 사냥감을 휘감아 숨이 끊길 때까지 조이는 것이에요. 먹잇감이 질식해서 완전히 늘어질 때까지 놓치지 않고 꽉 조인답니다.

# 완벽한 포식자

바다를 누비는 상어는 대단한 사냥꾼이랍니다. 무려 4억 5000만 년 전부터 진화하면서 완벽에 가까운 포식자가 되었지요. 상어는 빠르게 움직일 수 있는 유선형의 근육질 몸과 면도날처럼 날카로운 이빨, 그리고 강력한 턱과 튼튼한 피부, 예민한 감각까지 사냥꾼으로서 완벽한 조건을 갖추고 있어요.

## 뛰어난 감각 기관

상어는 비상한 감각 덕분에 뛰어난 사냥꾼이 될 수 있었답니다. 몸통을 따라 이어져 있는 옆선에는 움직임을 감지하는 구멍이 있어요. 어떤 상어는 색깔을 부분적으로 구분하고, 또 어떤 상어는 어둠 속에서도 잘 볼 수 있답니다. 입 주변에 집중적으로 발달되어 있는 감각 세포는 근처에 있는 동물들이 근육을 움직여 방출하는 전기를 감지하지요.

전류 감지 감각 · 콧구멍 · 눈 · 측선

상어는 주변 환경(가깝고 먼 곳 모두)에 대한 정보를 얻기 위해 다양한 감각을 사용해요.

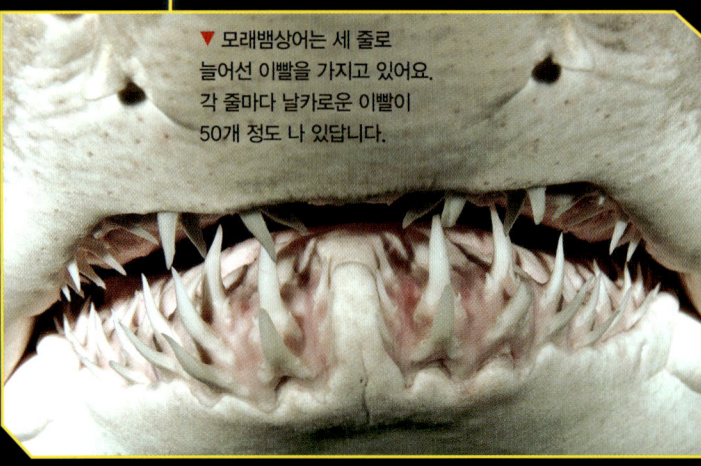

▼ 모래뱀상어는 세 줄로 늘어선 이빨을 가지고 있어요. 각 줄마다 날카로운 이빨이 50개 정도 나 있답니다.

## 상어 이빨

상어의 이빨 형태를 보면 어떤 먹이를 먹는지 알 수 있어요. 길고 가늘면서 날카로운 이빨을 가진 상어는 미끄러운 오징어를 잘 잡아먹을 수 있어요. 삼각형의 톱날처럼 생긴 이빨로는 살과 뼈를 쉽게 자를 수 있고, 작고 날카로운 이빨은 해저 생물을 잡는 데 이상적이에요. 접시처럼 생긴 넓적한 이빨은 거북의 껍질을 부술 수 있을 만큼 튼튼하지요.

## 쿠키커터상어

쿠키커터상어는 몸길이가 50센티미터 정도밖에 되지 않는 비교적 작은 크기지만, 가장 잔인한 상어 중 하나랍니다. 조용히 먹잇감을 향해 다가가 접근한 뒤, 빨판 같은 입으로 먹잇감을 물고 날카로운 이빨로 자르기 시작해요. 몸을 비틀어 쿠키 모양으로 잘라 먹는다고 해서 쿠키커터상어라는 이름이 붙여졌답니다.

▶ 쿠키커터상어의 아래 이빨은 한데 뭉쳐 있어서, 마치 톱날처럼 보인답니다.

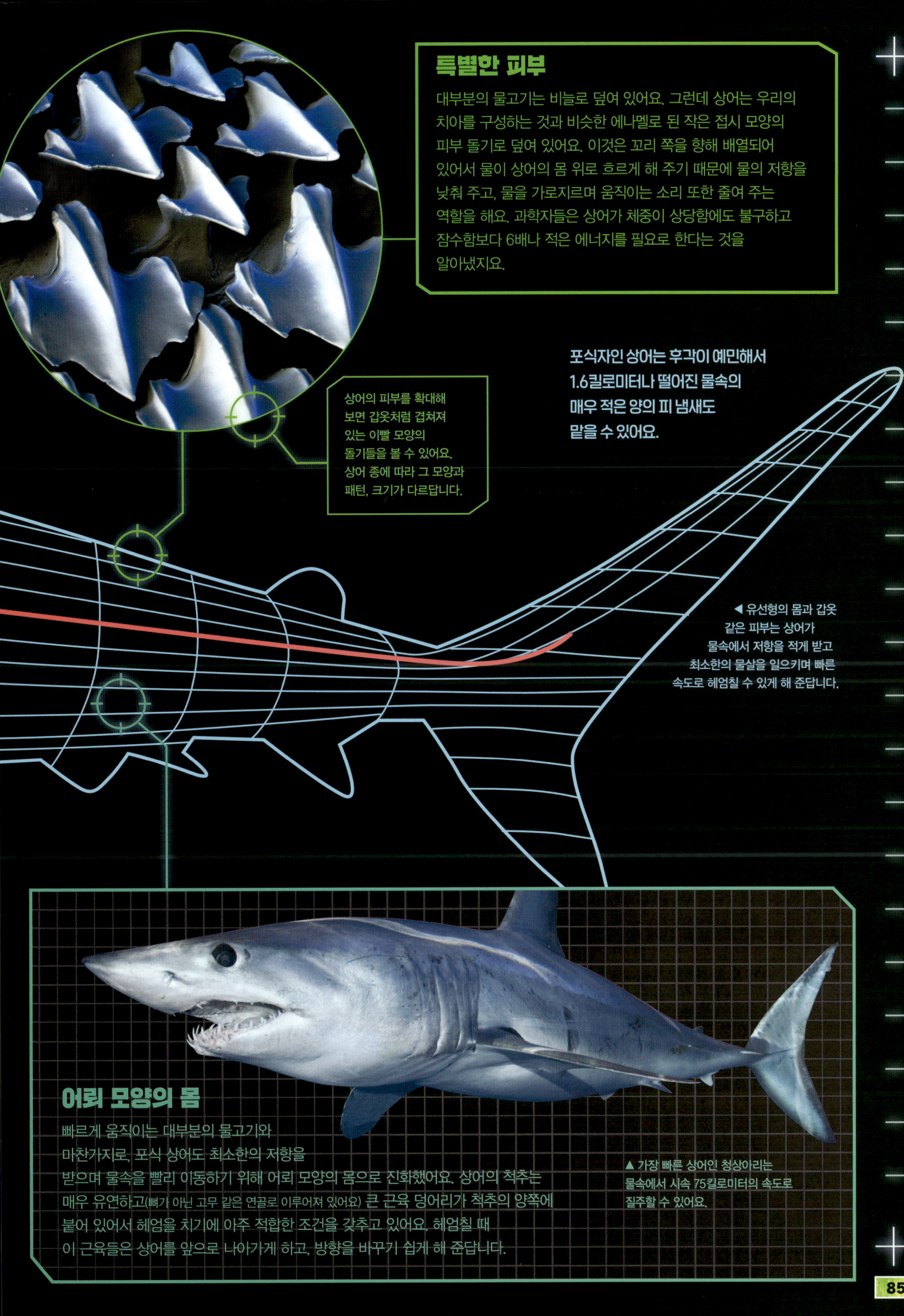

## 특별한 피부

대부분의 물고기는 비늘로 덮여 있어요. 그런데 상어는 우리의 치아를 구성하는 것과 비슷한 에나멜로 된 작은 접시 모양의 피부 돌기로 덮여 있어요. 이것은 꼬리 쪽을 향해 배열되어 있어서 물이 상어의 몸 위로 흐르게 해 주기 때문에 물의 저항을 낮춰 주고, 물을 가로지르며 움직이는 소리 또한 줄여 주는 역할을 해요. 과학자들은 상어가 체중이 상당함에도 불구하고 잠수함보다 6배나 적은 에너지를 필요로 한다는 것을 알아냈지요.

상어의 피부를 확대해 보면 갑옷처럼 겹쳐져 있는 이빨 모양의 돌기들을 볼 수 있어요. 상어 종에 따라 그 모양과 패턴, 크기가 다르답니다.

포식자인 상어는 후각이 예민해서 1.6킬로미터나 떨어진 물속의 매우 적은 양의 피 냄새도 맡을 수 있어요.

◀ 유선형의 몸과 갑옷 같은 피부는 상어가 물속에서 저항을 적게 받고 최소한의 물살을 일으키며 빠른 속도로 헤엄칠 수 있게 해 준답니다.

## 어뢰 모양의 몸

빠르게 움직이는 대부분의 물고기와 마찬가지로, 포식 상어도 최소한의 저항을 받으며 물속을 빨리 이동하기 위해 어뢰 모양의 몸으로 진화했어요. 상어의 척추는 매우 유연하고(뼈가 아닌 고무 같은 연골로 이루어져 있어요) 큰 근육 덩어리가 척추의 양쪽에 붙어 있어서 헤엄을 치기에 아주 적합한 조건을 갖추고 있어요. 헤엄칠 때 이 근육들은 상어를 앞으로 나아가게 하고, 방향을 바꾸기 쉽게 해 준답니다.

▲ 가장 빠른 상어인 청상아리는 물속에서 시속 75킬로미터의 속도로 질주할 수 있어요.

# 싸움의 승리자

치열한 전투가 벌어지는 동물의 왕국에서 누가 이길지 예측하기란 어려운 일이랍니다. 대부분의 동물들은 위험한 싸움보다는 상대방을 겁주어 쫓아 버리는 방법을 선호하지요. 하지만 상대방이 싸움을 걸어 온다면 응할 수밖에 없을 거예요. 때때로 의외의 동물이 승리하기도 한답니다.

## 물소 >>> 무승부 무승부 <<< 사자

### 체력 Vs. 두뇌

아프리카물소는 큰 뿔과 탱크 같은 몸, 두꺼운 피부, 사나운 성격을 가지고 있어요. 그래서 사자 혼자서는 물소를 이기기 쉽지 않아요. 물소가 돌격해 뿔로 찔러서 한 방에 쓰러뜨릴 수 있거든요. 처음에는 서로 일정 거리를 두고 대치 상태에 있을 테지만, 물소와의 싸움은 사자에게 결국 위험한 선택이 되곤 한답니다. 하지만 젊고 힘이 세고 자신감이 넘치는 사자가, 늙고 힘이 없는 물소와 싸우게 된다면 승자는 사자가 될 수도 있어요.

## 뱀 >>> 승리 패배 <<< 두꺼비

### 최후의 저항

뱀과 맞서게 된 부드러운 몸을 가진 두꺼비에게 선택의 여지는 거의 없어요. 두꺼비는 느리게 움직이기 때문에 도망칠 수도 없어요. 한 가지 선택할 수 있는 방법은 공기로 몸을 크게 부풀려 실제보다 더 크게 보이도록 하는 거예요. 뱀이 삼키기에 큰 크기로 위장하는 것이지요. 또 어떤 두꺼비는 이상한 소리를 내거나 불쾌한 맛을 내는 피부로 방어를 해요. 하지만 두꺼비의 어떤 전략도 결국 뱀을 물리칠 수는 없어요. 두꺼비는 뱀에게 잡아먹히고 말 거예요.

## 곰 >>> 무승부 무승부 <<< 늑대

### 치열한 접전

늑대는 똑똑한 사냥 기술을 쓰는 무리 사냥꾼이고, 곰은 뿌리나 과일, 열매를 주로 먹기 때문에 서로를 먹이로 삼지는 않아요. 하지만 같은 지역에서 마주치면 영역을 차지하기 위해, 또 새끼들을 보호하기 위해 싸움을 하게 되지요. 늑대와 곰은 둘 다 빠른 속도와 똑똑한 두뇌, 센 힘, 그리고 튼튼한 턱을 가지고 있어요. 하지만 서로 으르렁거리고 이빨을 드러내며 위협을 해도 둘의 대결은 결국 무승부로 끝날 거예요. 싸움이 치열해지면 둘 다 크게 다칠 것이 분명하기 때문에, 둘의 대결에서는 서로에게 등을 돌리는 것이 가장 현명한 선택이랍니다.

## 거미 >>> 패배 승리 <<< 말벌

### 야비한 속셈

타란툴라호크말벌의 크기는 사람의 손가락 길이만 해요. 그리고 6밀리미터 정도 길이의 강력한 침을 가지고 있지요. 이 말벌은 세상에서 가장 큰 거미류인 타란툴라가 거미줄을 아무리 쏴 대도 굴하지 않고 다리 한쪽을 잡아 독침을 찔러요. 말벌은 마비된 거미를 굴속으로 끌고 간 다음, 거미의 몸속에 알을 낳아요. 거미의 몸속에서 부화한 말벌의 애벌레들은 거미를 산 채로 먹으며 자란답니다.

타란툴라호크말벌의 독침에 쏘이면 극심한 통증이 있고, 신경계에 치명적인 손상을 입을 수도 있어요.

# 무시무시한 거미

세상에서 가장 뛰어난 사냥꾼 중 하나가 바로 거미류랍니다. 8개의 날렵한 다리로 잽싸게 반응하고 행동하며, 들키지 않고 먹잇감에게 다가가 잡을 수 있거든요. 거미류에 속하는 거미는 먹이를 잡기에 좋은 신축성 있고 강한 거미줄과 독을 만들어 내요. 사납게 생긴 전갈은 바늘처럼 생긴 꼬리 끝으로 먹잇감을 찔러 사냥하지요.

▼ 거미 한 마리가 다리 사이에 거미줄을 치고 희생양을 기다리고 있어요.

## 이동하는 덫

왕거미과 거미들은 원반 모양의 거미줄을 쳐 놓고 먹이가 접근하기를 기다리지만, 투망거미과 거미들은 먹이에게로 직접 다가가요. 먼저 작은 거미줄을 쳐서 긴 앞다리로 팽팽하게 당긴 채로 먹이를 감싸는 것이지요. 왕눈이거미라고도 알려진 투망거미과의 거미는 눈이 매우 크고, 어두운 밤에도 잘 볼 수 있어요.

## 치사량의 독

시드니깔때기그물거미는 공격성과 강력한 독을 지닌 가장 위험한 거미들 중 하나예요. 호주의 시드니 근교 주택이나 건물 주변에서 종종 발견되며, 사람에게도 위험한 거미랍니다. 이 거미에게 물려 많은 사람들이 죽었지만, 1980년대에 해독제가 개발되면서 사망자 수는 크게 줄었지요.

◀ 시드니깔때기그물거미는 두 개의 날카로운 송곳니로 강하게 치고 들어와 치명적인 양의 독을 퍼뜨려요.

## 사막의 무시무시한 사냥꾼

낙타거미는 침이나 독이 없어도 치명적일 수 있는 무서운 사냥꾼이에요. 거대한 송곳니와 집게같이 생긴 입 부분이 낙타거미의 주무기랍니다. 사막에서 사는 거미류는 보통 시원한 굴속에 숨어 있거나 낮에는 나뭇가지에 매달려 생활해요. 그러다가 밤이 되면 굴에서 나와 벌레와 거미, 그리고 설치류나 도마뱀 같은 더 큰 먹이도 사냥하지요. 낙타거미는 입으로 먹이의 피부와 작은 뼈를 잘라 버릴 수 있어요. 희생자의 몸은 겨우 몇 분 만에 여러 조각으로 나뉜답니다.

◀ 낙타거미는 짧고 뻣뻣한 털이 나 있는 얼굴에 크고 튼튼한 턱, 번쩍이는 검은 눈을 가지고 있어서 꼭 외계인처럼 보여요.

> 눈 깜짝할 사이에 먹이를 향해 돌진하는 낙타거미는 초당 50센티미터의 속도로 움직일 수 있어요.

▼ 민꽃게거미가 말파리(쇠등에)의 몸에 송곳니 공격을 하고 있어요.

### 꼬리 공격

데스스토커 전갈은 길이가 7~10센티미터에 불과하지만 지구상에서 가장 위험한 전갈 중 하나로 유명해요. 발톱은 작고 약하지만, 가시가 있는 꼬리로 빠르게 찔러서 공격을 한답니다. 꼬리의 독은 아주 강력해서 적은 양으로도 빠르게 먹잇감이나 적을 마비시킬 수 있어요. 데스스토커의 침은 건강한 성인에게도 극도의 고통을 야기하지만, 어린이에게는 훨씬 더 치명적일 수 있어요.

### 치명적인 독과 소화액

게거미류는 먹이를 잡기 위해 거미줄을 사용하지 않아요. 대신, 매복해 있다가 덮치는 방법을 사용하지요. 게거미는 주변 색이나 모양으로 위장한 채로 잠복해 있어요. 어떤 것들은 나무껍질, 나뭇잎, 또는 새똥을 닮았고, 또 다른 것들은 꽃잎과 비슷한 밝은색을 띠고 있어요. 게거미의 독은 자신보다 더 큰 곤충을 죽일 수 있을 정도로 강력해요. 먹잇감은 게거미에게 물려 몸에 독이 퍼지기 시작하면 마비가 되고, 그때 게거미는 소화액을 먹이의 몸에 뿌려요. 그러면 먹이가 수프처럼 녹아 버려서 쉽게 먹을 수 있답니다.

◀ 데스스토커의 집게발은 먹잇감을 잘 잡고 있을 수 있도록 발달되어 있어요.

# 사나운 새

모든 새들이 나뭇가지에 앉아 아름다운 노래를 부르면서 달콤한 과일을 먹는 건 아니에요. 어떤 새들은 야만적인 본능에 치명적인 무기를 지닌 타고난 사냥꾼들이랍니다. 보통 올빼미와 같은 맹금류들의 악명이 높지만, 조류 왕국에는 예상치 못한 또 다른 포식자들도 있어요.

## 재빠른 비행

## 날카로운 발톱 공격

### 검독수리

활짝 펴면 최대 2.3미터에 이르는 거대한 날개를 이용해 시간당 최고 240킬로미터의 빠른 속도로 날아 먹이를 쫓는 검독수리는 결코 무시할 수 없는 존재랍니다. 맹금류는 대개 사냥감을 정하면 급강하해서 목 뒤쪽에 치명적인 일격을 가해요. 대부분의 맹금류와는 달리, 검독수리는 종종 자신보다 덩치가 큰 사냥감을 골라요. 사냥감은 보통 토끼나 파충류 같은 작은 동물이지만, 소나 사슴 같은 덩치 큰 동물을 공격하기도 한답니다.

### 큰화식조

큰화식조는 뉴기니와 호주 북동부 숲에서 사는 크고 날지 못하는 새랍니다. 날지 못하는 대신 강력한 발차기가 가능한 근육질 다리를 가지고 있고, 양발의 발가락에 10센티미터 길이의 발톱이 있기 때문에 상대의 몸에 치명적인 상처를 입혀요. 큰화식조는 사냥꾼이 아니에요. 주로 자신이나 알을 지키기 위해서만 공격을 한답니다. 또 한 가지 능력은 인간의 청각 범위 내에 있는 깊은 울음소리로 서로 소통한다는 것이에요.

### 붉은등때까치

곤충을 주식으로 삼는 때까치는 먹이를 저장하는 방법이 매우 독특해요. 작은 동물이나 벌레를 잡으면, 때까치는 일단 그것을 계속 쪼아 대다가 날카로운 가시나 가시철사에 박아요. 그렇게 여러 곤충, 작은 포유류, 파충류를 포함한 먹이 꼬치를 만드는 것이지요. 이 잔인한 먹이 저장소는 때까치가 아무것도 잡지 못했을 때 유용하게 쓰이고, 번식기에 상대에게 자랑스럽게 보여 주며 유혹하는 용도로 사용되기도 해요.

**특이한 먹이 저장소**

### 뱀잡이수리

뱀잡이수리는 긴 풀이 많은 아프리카 사바나 지역에서 사냥감을 찾아 쉽게 이동할 수 있는 긴 다리를 가지고 있어요. 크고 호리호리한 뱀잡이수리는 큰 곤충이나 작은 포유류, 또는 뱀을 잡아먹어요. 도망치는 동물을 거친 발길질로 공격하지요. 펼친 날개를 방패 삼아 물리지 않고 독사를 잡아먹을 수도 있어요. 또 하루에 31킬로미터 이상 이동하며 사냥할 수 있답니다.

**발달된 긴 다리**

**날쌔고 사나운 새**

### 타조

수컷 타조는 평소 다른 수컷을 공격하지 않다가 번식기가 되면 맹렬한 싸움을 벌여요. 타조는 성질이 나쁘기로 유명합니다. 사람은 물론 지나가는 자동차도 타조의 공격 대상이 될 수 있어요. 조류 중에서 가장 키가 크고, 무겁고, 빠른 타조는 시간당 70킬로미터 이상의 속도를 낼 수 있으며, 한 시간 이상 계속 달릴 수 있어요.

# 흡혈 동물

피를 먹고 사는 동물들은 삶의 방식이 매우 독특하고, 대체로 기생 동물이에요. 흡혈 동물들은 단백질 등의 영양분이 풍부한 붉은 피를 얻기 위해 피부를 뚫는 다양한 방법을 동원하지요. 피를 먹는 동물은 모기나 흡혈박쥐뿐만이 아니랍니다. 조류나 어류, 나방, 그리고 곤충 중에도 흡혈 동물이 있어요.

## 특별한 구조

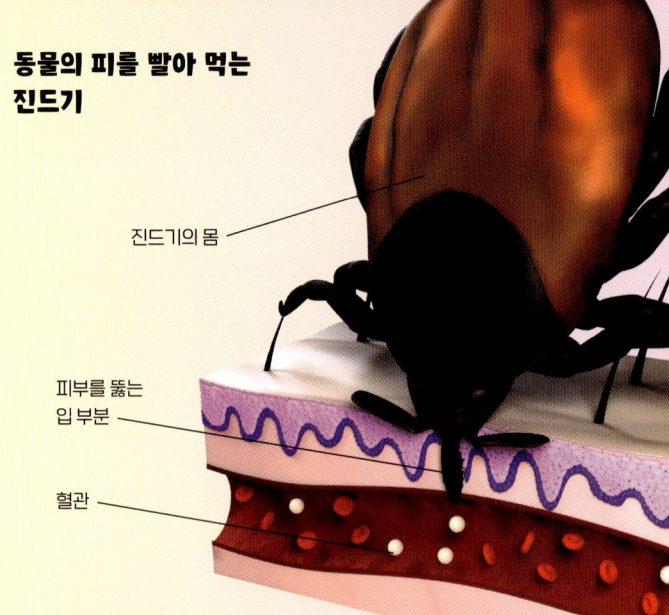

**동물의 피를 빨아 먹는 진드기**

- 진드기의 몸
- 피부를 뚫는 입 부분
- 혈관

피는 훌륭한 먹잇감이지만, 신선하게 먹으려면 누군가의 피를 직접 빨아 먹어야 하기 때문에 먹기가 쉽지는 않아요. 우선 적당한 대상에게 접근해야 하고, 비늘이나 깃털, 피부를 뚫고 혈관에 닿을 수 있어야 해요. 다른 동물들의 혈액을 찾기 위해서는 청각을 활용하거나 체온을 감지하거나 대상이 내뿜는 이산화탄소나 페로몬(동물이 내뿜는 화학 물질)의 흔적을 추적해야 하지요. 대개 목표물의 피부를 뚫어 혈관에서 피를 빨아들이거나 피를 흘리도록 상처를 내는 방법을 쓰기 때문에, 흡혈 동물은 일반적으로 특별한 입 구조를 가지고 있답니다.

## 배가 고픈 어미

암컷 모기는 알을 낳기 전에 혈액 속 단백질과 철분을 섭취해야 해요. 암컷 모기는 입 부분에 주사기 같은 침이 있어서 피를 빨아올릴 수 있는데, 피가 굳는 것을 방지하기 위해 상대의 피부에 구멍을 내고 항응고제를 주입하지요. 모기가 먹는 피의 양은 아주 적지만, 물린 동물 또는 사람은 큰 피해를 입기도 해요. 때때로 말라리아, 뎅기열, 황열, 뇌염 같은 치명적인 질병을 옮기기도 한답니다.

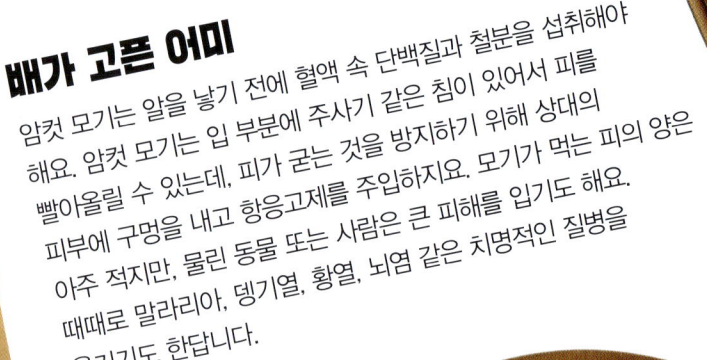

▶ 모기가 옮기는 치명적인 질병에 대한 연구가 많은 나라들에서 계속되고 있어요.

## 바다칠성장어

바다칠성장어는 턱이 없어서 다른 물고기나 해양 포유류를 잡아먹을 수 없어요. 대신, 날카로운 이빨이 줄지어 나 있는 빨판 같은 입으로 달라붙어 먹잇감의 살을 긁어 먹는답니다. 살을 긁어낼 때는 상처를 내고 항응고제를 뿌려서 피가 나지 않게 해요. 하지만 먹을 만큼 먹고 난 후 먹이에게서 떨어지면, 해당 부위가 갈라져 피가 나고 큰 상처가 남는답니다.

▶ 바다칠성장어는 기생 동물이에요. 이빨이 나 있는 원형의 빨판 모양 입으로 송어 같은 물고기에게 달라붙지요. 짝짓기 준비가 될 때까지 먹이를 먹고 알을 낳은 후에 죽어요.

## SCIENCE TODAY

# 흡혈박쥐

흡혈박쥐는 기거나 먹잇감을 움켜쥐기에 좋은 튼튼한 뒷다리와 강한 발톱을 가지고 있어요.

무시무시한 흡혈귀 이야기를 떠올려 보면, 흡혈박쥐가 그 정도로 무서운 존재는 아니라는 것을 알 수 있어요. 대부분의 흡혈박쥐들은 인간이 아닌 소와 말의 피를 먹고 살아요. 하루에 2티스푼 정도의 피를 먹는데, 그것은 자기 몸무게의 절반 이상에 해당하는 양이랍니다. 흡혈박쥐는 얼굴에 체온을 감지할 수 있는 기관을 가지고 있어요. 표적을 발견하면 은밀하게 땅 위를 기어 다가가 피부와 가까운 곳에 있는 혈관을 송곳니로 찔러요. 피를 빨아 먹을 때에는 상대방의 고통을 줄이면서도 피가 계속 흐르게 하는 화학 물질을 뿜어낸답니다.

# 강력한 이빨과 턱

### 무는 힘이 강한 동물들
(뉴턴(N)은 힘을 나타내는 단위이고, 수치는 추정치예요.)

- 카르카로돈 메갈로돈 (멸종된 대왕상어) 18만 2200뉴턴
- 티라노사우루스 렉스 6만 뉴턴
- 백상아리 1만 7790뉴턴
- 바다악어 1만 6460뉴턴
- 둔클레오스테우스 데렐리 (멸종된 해양 물고기) 5000뉴턴
- 아프리카사자 4500뉴턴
- 하이에나 2000뉴턴
- 인간 890뉴턴
- 태즈메이니아데빌 553뉴턴

약 4억 3000만 년에서 4억 4500만 년 전에 처음으로 턱이 있는 동물들이 등장했어요. 그들의 턱은 물고기의 아가미 안에 있는 작은 활 모양의 뼈에서 발달했답니다. 턱의 발달로 동물은 주어지는 대로 먹는 존재에서 먹이를 잡아먹는 사냥꾼으로 거듭날 수 있었지요. 오늘날의 동물 사냥꾼들은 잡고, 짓누르고, 뚫고, 갈고, 자르고, 베고, 으깨는 등 다양한 기술로 무장한 턱과 이빨을 가지고 있어요.

▼ 둔클레오스테우스는 약 3억 6000만 년 전에 살았던 물고기예요.

▼ 보츠와나의 암사자가 물소 사체의 살을 튼튼한 이빨로 뜯어 먹고 있어요.

## 심해의 사냥꾼

둔클레오스테우스의 서식지는 선사 시대의 바다예요. 이상한 입 모양을 가진 거대한 상어 모습의 물고기였던 둔클레오스테우스는 이빨 대신에 턱에 나 있는 큰 뼈를 칼날처럼 사용해 사냥감을 잘라 먹을 수 있었어요. 턱의 힘은 먹이의 뼈를 으스러뜨릴 수 있을 만큼 강력했고, 몇 분 만에 물고기 한 마리를 조각내 버릴 수 있었지요. 아주 단단한 두개골로 스스로를 잘 보호할 수도 있었답니다.

## 육식 동물

사자와 같은 육식 포식자의 머리 부분은 튼튼한 근육과 큰 이빨로 무장되어 있어요. 그래서 먹이를 물 때 턱을 이용하면 엄청난 힘을 발휘할 수 있지요. 사자의 위턱과 아래턱은 위아래로만 움직일 수 있는 경첩 관절로 연결되어 있어요. 사자는 턱을 움직이게 해 주는 측두근이 유난히 발달되어 있답니다. 살을 물기 쉽게 발달된 사자의 앞니는 크고 날카롭고 뾰족한 반면, 턱의 양옆에 늘어선 가위 같은 송곳니는 살을 잘게 자르고 뜯을 수 있게 발달되어 있어요.

▶ 하이에나는 몸집에 비해 큰 이빨을 가지고 있어요. 특히 먹이의 뼈를 으스러뜨리는 어금니가 잘 발달되어 있답니다.

## 용감한 맹수

하이에나는 몸집 대비 가장 강력한 턱을 지닌 동물 중 하나로, 뼈를 쉽게 부러뜨릴 수 있을 정도로 튼튼하다고 알려져 있어요. 이 맹렬한 포유류는 공격적인 성향을 타고났으며, 종종 무리를 지어 사냥해요. 하이에나가 사람을 공격했다는 기록도 있지요. 자신들의 영역에서 캠핑을 하던 사람의 다리 살점을 순식간에 물어뜯었다고 해요.

## 쩍 벌어지는 입

하마는 초식 동물임에도 불구하고 아프리카에서 가장 위험한 동물 중 하나로 손꼽힌답니다. 큰 몸집에 매우 공격적인 성향을 가진 포유류지요. 하마는 자신과 새끼들, 그리고 자기 영역을 보호하려는 본능이 아주 강한 동물이기 때문에 마주친다면 위험에 빠질 수 있어요. 길이 50센티미터의 크고 뾰족한 엄니와 180도 가까이 열리는 턱을 가졌으며, 몸무게가 무려 1.5톤에 이르는 하마는 결코 온순한 초식 동물이 아니랍니다.

◀ 번식기의 수컷 하마들은 짝짓기를 위해 서로 싸워요. 이 수컷 하마들도 거칠게 싸우는 중이랍니다.

## 두 개의 턱

곰치는 목구멍 깊숙한 곳에 두 번째 턱(인두 턱)이 있기 때문에 미끄러운 먹이도 잘 잡아먹을 수 있어요. 첫 번째 턱(앞턱)에 있는 면도날처럼 날카로운 이빨이 물고기를 꽉 잡고, 뒤에 있는 턱은 먹이가 목구멍 안으로 쑥 들어갈 수 있게 해 주는 역할을 한답니다. 더 큰 이빨이 줄지어 나 있는 뒤턱은 먹이가 식도를 따라 아래로 내려갈 수 있게 아래에서 잡아당겨요.

▶ 대부분의 물고기들은 먹이를 한 번에 삼켜 버리지만, 곰치는 두 개의 턱을 이용한답니다.

앞턱과 이빨

인두 턱 (늘어나는 턱)

# 튼튼한 발톱

동물의 강력한 발과 발톱은 아주 중요한 무기가 될 수 있어요. 자신의 안전이 확보된 거리에서 상대방에게 큰 부상을 입힐 수 있거든요. 동물의 발톱은 다양한 역할을 하며, 사냥 요건에 따라 다르게 진화한답니다.

### 독이 나오는 발톱

독이 있는 포유류는 매우 드문 편인데, 그중 하나가 오리너구리예요. 수컷만이 뒷발의 구부러진 발톱에 독이 나오는 돌기를 가지고 있어요. 이 돌기는 독을 내보내는 분비선과 연결되어 있답니다. 수컷 오리너구리는 천적이나 다른 수컷을 쫓아낼 때, 그리고 특히 짝짓기를 할 때 독 발톱을 사용해요.

▶ 오리너구리의 독은 사람에게 치명적이진 않지만, 극심한 통증을 일으킬 수 있다고 해요.

◀ 북극곰의 거대한 앞발은 지름이 무려 30센티미터나 된답니다.

### 북극곰의 앞발

북극곰은 육지에서 가장 큰 육식 동물이고, 그만큼 큰 발을 가지고 있어요. 서식지인 북극의 눈과 살얼음 위를 걸을 때 북극곰의 발은 육중한 몸무게를 지탱하고 분산시키는 역할을 해요. 또 발가락 사이에 털 뭉치가 있어 발소리를 줄여 주기 때문에 바다표범 같은 먹이를 조용히 쫓아갈 수 있답니다. 짧고, 튼튼하고, 구부러진 발톱은 사냥감의 살을 쉽게 찌르고 찢을 수 있고, 얼음 구멍에서 바다표범을 쉽게 끌어낼 수 있도록 도와주지요.

## 인디언 악마

작은 곰처럼 생긴 야생 동물 울버린은 개보다 크지 않지만 겁이 없어 곰이나 사슴도 공격하기 때문에 '인디언 악마'라는 별명을 가지고 있어요. 울버린은 족제비과 포유류로, 굶주린 포식자들이 많은 북부 지역(북유럽, 북미, 시베리아)에 살고 있어요. 울버린의 발은 크고 납작하고 털이 있으며, 넓은 발바닥과 매우 긴 발톱을 가지고 있어요. 그래서 눈이 높이 쌓인 곳에서도 먹이를 쫓을 수 있지요. 울버린은 턱의 힘을 이용해 사냥감의 목을 깨물어 잡아먹어요.

▶ 울버린은 사냥을 하기도 하고, 죽은 동물의 고기를 먹기도 해요.

▲ 가만히 휴식을 취하고 있는 이 개구리는 얼핏 보면 특별할 게 없어 보이지만, 사실은 놀라운 무기를 숨기고 있어요.

## 튀어나오는 발톱

자연에서는 때때로 소설보다 더 신비롭고 기이한 일이 일어난답니다. 아프리카에 서식하는 털북숭이개구리도 믿기 힘들 만큼 신기한 특징을 가지고 있어요. 위협을 받으면 자신의 발에 있는 뼈를 부러뜨리거든요. 부러진 뼈가 피부를 뚫고 손가락 끝과 발가락에서 칼처럼 튀어나와 공격할 준비를 하는 것이지요. 그래서 이 개구리는 울버린개구리(또는 공포개구리)라고도 알려져 있어요.

게는 몸집에 비해 가장 강력하고 큰 발톱을 가진 동물 중 하나랍니다.

▲ 코코넛크랩의 튼튼한 집게발은 과일을 먹기 위해 나무를 타고 올라갈 때 유용해요.

### 코코넛쫌이야!

찰스 다윈이 칼링섬에서 커다란 육지 게를 만났을 때, 그는 그것을 '괴물'이라고 묘사했어요. 야자게 또는 코코넛크랩이라고 불리는 그 육지 게는 다리 길이가 1미터나 되는 거대한 크기였답니다. 주로 과일을 먹고 코코넛의 단단한 껍질을 부수고 열 수 있는 능력이 있어 코코넛크랩이라는 이름으로도 많이 알려져 있어요. 때때로 그들은 다른 게들을 공격하기 위해 거대한 발톱을 사용하는데, 싸움 후에는 같은 종족인 쓰러진 상대를 잡아먹는다고 해요.

# 고양잇과 동물들

고양잇과 동물들은 힘과 우아함을 겸비한 포식자랍니다. 기본적으로 모두 같은 신체적 특징을 보이지요. 턱이 크게 벌어지는 짧은 입과 날카로운 송곳니, 고기를 잘 뜯을 수 있는 칼처럼 생긴 이빨을 가지고 있어요. 또 아주 발달된 감각, 강력한 팔다리와 구부릴 수 있는 발톱으로 무장된 발도 있지요.

◀ 먹잇감을 쫓는 암사자가 몸을 낮추고 조용히 다가가고 있어요.

## 잠행

### 1
고양잇과 동물들만큼 슬며시 사냥감에게 다가갈 수 있는 동물은 거의 없어요. 주변 환경과 비슷한 털 색깔과 무늬 덕분에 덤불 속에서 눈에 띄지 않을 수 있거든요. 몸을 한껏 낮추고도 빠르게 움직일 수 있는 것도 장점이지요. 표범은 워낙 조용히 움직여서 잠자던 동물을 잡아갈 수도 있어요. 함께 잠을 자던 동물들은 깨고 나서야 동료가 사라졌다는 것을 알게 된답니다.

## 속도

### 2
고양잇과 동물들은 빠른 속도로 유명하답니다. 하지만 개과 동물들과는 달리 오래 달리지는 못해요. 치타는 육상 동물 선수들 중에서 가장 빠른 단거리 달리기 기록을 가지고 있어요. 날씬한 몸과 가벼운 팔다리, 수직에 가까운 어깨와 유연한 척추는 치타가 에너지를 효율적으로 쓸 수 있게 해 주지요. 하지만 순간적으로 빠르게 달리는 고양잇과 동물들은 체온 역시 순식간에 올라가기 때문에 체력이 금방 소진되고 말아요. 500미터 이상의 거리를 빠른 속도로 계속해서 달리기란 불가능하지요.

## 덮치기

▶ 카라칼(아프리카살쾡이)의 길고 튼튼한 뒷다리는 산토끼와 영양 같은 빠른 먹이를 쫓는 데 안성맞춤이랍니다.

인도의 사나운 표범 한 마리는 10년 동안 125명의 사람을 죽음에 이르게 했다고 해요.

## 두려움과 공포심

동물들은 큰 고양잇과 동물이 근처에 있다는 것을 알아채면 두려움과 공포감을 느껴요. 몸이 즉각적으로 반응해 '싸우거나 도망치거나'의 방어 상태가 되어 스트레스를 받기 시작하지요. 이때 체내에서 분비되는 호르몬인 아드레날린이 혈관을 통과하면서 혈액 순환, 호흡, 탄수화물 대사를 증가시키고 근육의 힘을 끌어올려요. 덕분에 다치지 않고 잽싸게 도망칠 수 있지요.

▲ 가젤이 큰 보폭으로 뛰면서 도망을 치고 있어요.

◀ 추격하는 동안 치타는 더 효과적으로 사냥을 하기 위해 머리를 숙이고, 발톱을 펼쳐 미끄러지지 않고 달려요.

순식간에 뛰어올라 덮치는 기술은 고양잇과 동물들의 도드라진 특징이에요. 이들에게 먹잇감으로 점찍힌 동물들은 포식자로부터 안전한 거리에 있다고 판단하고 방심하고 있다가 몇 초 만에 머리 위에 드러난 무시무시한 송곳니를 보고 놀랄 수도 있어요. 눈표범은 고양잇과 동물 중 가장 멀리 뛸 수 있다고 알려져 있고(15미터), 카라칼과 서발은 가장 높이 뛰어오를 수 있지요. 사냥감을 위에서 공격하는 방식은 상대에게 치명타를 입히면서도 자신의 몸은 다치지 않게 보호할 수 있다는 큰 장점이 있어요.

**3**

고양잇과 동물들은 사냥의 마지막 단계에서 빠른 속도와 강력한 힘을 이용해 상대방의 목덜미를 노려요. 잘 발달된 턱과 날카로운 이빨로 목을 물면 대체로 즉시 죽음에 이르게 되지요. 몸집이 큰 고양잇과 동물은 자기보다 큰 먹이를 사냥할 수 있고, 대개는 그 사냥감을 안전한 장소로 끌고 가서 먹는답니다.

▼ 큰 재규어가 카이만의 머리 부위를 물었어요. 이 카이만은 살아남기 어려울 것 같아요.

**4**

## '물어뜯기'

# 잔인한 벌레

▶ 꼬리가 없는 채찍전갈이 메뚜기의 몸을 갉아먹고 있어요.

잔혹한 동물이 꼭 거대한 것만은 아니에요. 몸집이 클수록 더 잔인한 것도 아니고요. 바위 밑을 기어 다니고, 덤불 속에 숨어 있고, 하늘을 날아다니고, 심지어는 사람이 사는 집에 숨어 살아남기 위해 다양한 방법을 동원하는 아주 작고도 잔인한 괴물들이 있어요.

## 산성 물질 테러

식초전갈은 전갈과 거미를 닮았는데, 특히 둘의 가장 잔인한 특징을 모두 가지고 있어요. 이 전갈은 튼튼하고 무거운 발톱으로 무척추동물을 붙잡아 으깨듯이 짓누르며 죽여요. 그리고 84%의 산성 액체를 뿌려 포식자들의 공격을 막아요.

▼ 불독개미는 호주에서만 발견되는 개미로, 군집을 이루며 살지만 먹이를 찾거나 사냥할 때는 혼자 움직여요. 주로 목수개미를 잡아먹는답니다.

▼ 1분 만에 꿀벌 40마리를 죽일 수 있는 장수말벌은 아주 위험한 벌이랍니다. 해마다 많은 사람과 동물이 말벌 때문에 목숨을 잃어요.

## 침 공격

개미는 뾰족한 침으로 공격을 가하는 사나운 벌레랍니다. 벌, 말벌과 같은 과에 속하거든요. 총알개미는 그 침에 쏘이면 총에 맞은 것 같다고 해서 붙여진 이름이고, 불개미는 공격하는 상대를 꽉 붙잡고 가능한 한 오랫동안 계속 침을 쏠 수 있어요. 불독개미들은 실제로 사납기도 하지만, 그들의 위협적인 턱을 보면 어떤 포식자라도 겁을 먹고 도망칠 거예요.

## 크고, 대담하고, 나쁜 벌

아시아에서 주로 볼 수 있는 장수말벌은 길이 5센티미터로, 날 때 작은 새처럼 보이기도 해서 참새말벌이라고 불리기도 해요. 벌과 말벌과의 다른 종들처럼 장수말벌도 통증을 일으키는 침을 쏜답니다. 더 큰 문제는 그 침에 신경을 마비시키는 독소가 있다는 거예요. 한 가지 다행인 점은 주요 공격 대상이 꿀벌이고, 사람을 공격하는 일은 드물다는 것이지요.

▶ 옥색산누에나방(달나방)의 애벌레는 자신을 방어하기 위해 위장 가시와 독성 가시를 모두 사용해요.

불개미들은 25만 마리에 이르는 거대한 집단을 이루고 살며, 특히 전선을 곧잘 물어뜯곤 한답니다.

## 무시무시한 애벌레

부들부들한 몸에 식물을 주로 먹는 애벌레가 치명적인 상처를 입힐 수 있다는 사실은 믿기 어려울 거예요. 하지만 일부 애벌레는 사람을 죽일 수도 있다고 해요. 로노미애벌레는 땅 위나 나무 위에 무리를 지어 모여요. 털이 많은 가시가 몸 전체에 덮여 있는데, 이 가시는 강력한 화학 물질을 내뿜어 찔리면 붓거나 타는 듯한 통증을 일으키거나 물집이 생기게 해요. 12시간 이내에 여러 증상이 나타날 수 있는데, 최악의 경우에는 출혈을 일으키며 서서히 사망하기도 하지요.

## 강력한 독 지네

미국 남서부 지역에 사는 사람들은 거대 사막지네(또는 빨간 머리 지네)라고 불리는 지네를 두려워해요. 왜냐하면 이 무척추동물은 다른 모든 지네처럼 독이 있고, 물리면 매우 고통스럽거든요. 심지어 길이가 20센티미터까지 자라는 거대한 지네랍니다. 지네의 몸집이 클수록 물 때마다 더 많은 독을 주입할 수 있기 때문에. 아마존 거대 지네처럼(30센티미터까지 자라는) 큰 지네는 피하는 것이 좋아요.

◀ 거대 지네는 주로 딱정벌레와 파리 같은 다른 무척추동물을 사냥하지만, 새, 쥐, 도마뱀, 개구리를 잡아먹기도 해요.

# 냉혈 사냥꾼

대부분의 파충류와 양서류는 활발한 사냥꾼이에요.
이들은 다양한 사냥 기술을 발전시킨 고대 동물군이랍니다.
동족을 잡아먹거나, 가만히 기다렸다 사냥하거나,
조용히 따라가는 파충류들, 그리고 끈적끈적한 도롱뇽과
송곳니가 있는 개구리까지 매우 다양한 동물들이 있어요.

## 주의 : 수리남뿔개구리 (아마존뿔개구리)

수리남뿔개구리는 숙련된 매복 전문가랍니다. 몸집은 크지만 아주 납작하게 생겨서 몸의 일부를 땅속에 묻은 채 주위를 살필 수 있거든요. 사냥감이 다가오면 수리남뿔개구리는 움직이기 시작해요. 이 개구리의 경우 특이하게도 턱에 이빨처럼 생긴 튀어나온 돌기를 가지고 있어요. 그래서 먹이를 물어 움직이지 못하게 할 수 있지요. 그런 다음 통째로 삼켜 버려요.

▶ 수리남뿔개구리는 황소개구리 같은 점심식사가 지나가기를 기다리며 며칠 동안 꼼짝 않고 앉아 있을 수 있어요.

## 위험 : 나일악어

사나운 동물들은 주로 누군가가 자신을 자극하거나 공격할 때 방어를 위해 공격성을 드러냅니다. 하지만 악어는 한 가지 목적을 위해 공격성을 드러내요. 바로 식사를 위해서지요. 대부분의 악어들은 매복했다가 공격하는 방식으로 사냥을 해요. 주로 물가에서 공격을 하지요. 물가에서 기다렸다가 사냥감이 나타나면 앞으로 돌진해 턱으로 강하게 부여잡고 물속으로 끌어당겨요. 일단 사냥감을 물속으로 끌어들이면 같이 뒹굴게 되는데, 먹이는 방향을 잃고 물에 빠져 허우적거리다가 정신을 잃거나 척추가 부러질 수도 있지요.

▶ 악어의 눈과 귀와 코는 모두 머리 위쪽에 달려 있어요. 그래서 거의 완전히 잠수한 상태로 먹이를 기다릴 수 있지요.

## 사냥꾼에 대한 의문

티라노사우루스 렉스에 대해서는 여러 가지 의견이 있어요. 그들이 야만적인 사냥꾼이었을 것이라는 의견에 반대하는 과학자들도 있거든요. 티라노사우루스는 확실히 맹수처럼 생겼지만, 어떤 과학자들은 이 공룡이 죽은 동물의 사체를 먹었을 것이라고 주장해요. 사냥꾼 치고는 빠르게 뛰기에 너무 무거운 뒷다리를 가졌고, 약한 팔은 먹이를 잡는 데 큰 도움이 되지 않았을 거라고 말하지요. 또 어떤 과학자들은 티라노사우루스가 동족을 잡아먹고, 오늘날의 코모도왕도마뱀처럼 타액에 치명적인 박테리아를 가지고 있었을 거라고 주장하기도 해요.

## 주의 : 코모도왕도마뱀

인도네시아의 소순다 열도는 너무 외진 곳이어서 그곳의 가장 유명한 서식 동물인 코모도왕도마뱀의 존재는 100년 전까지도 널리 알려지지 않았어요. 코모도왕도마뱀은 현존하는 도마뱀 중 가장 큰 도마뱀으로 몸길이는 3미터에 달해요. 괴물 같은 외모와 거의 모든 것을 먹고 사람을 포함한 큰 동물들을 공격하는 무시무시한 동물이지요. 코모도왕도마뱀은 자기 새끼도 잡아먹기 때문에, 새끼들은 먹히지 않기 위해 나무에 숨어 살기도 해요.

▼ 다 자란 코모도왕도마뱀은 자기 몸무게의 80%에 달하는 무게의 동물도 한 번에 삼켜 먹을 수 있어요.

## 위험 : 일본왕도롱뇽

도롱뇽은 개구리나 두꺼비 같은 양서류지만 꼬리가 있어요. 모두 육식 동물이고, 음식을 먹지 않은 채로 오랜 기간을 견딜 수 있습니다. 대부분은 위장을 위해 칙칙한 색을 띠지만, 불도롱뇽은 자신에게 독성 물질이 있다는 것을 경고하기 위한 대담한 노란색 반점을 가지고 있어요. 일본왕도롱뇽은 거의 1.5미터까지 자라요. 그들은 점액으로 덮인 끈끈적한 피부와 거대한 입을 가지고 있고, 가만히 먹이를 기다리고 있다가 먹이가 다가오면 턱을 사용해 빠르게 덮쳐서 잡아먹어요.

◀ 일본왕도롱뇽은 밤에 경계 태세를 유지하지만, 낮에는 바위 아래에서 휴식을 취한답니다.

# 강에 사는 괴물들

잔잔한 호수나 강 아래에도 진짜 사냥꾼들이 숨어 있어요. 수천 년 동안 사람들이 수로를 꽤 안전하게 이용해 왔지만, 여전히 물속에는 무시무시한 괴물들이 있답니다. 전 세계 많은 호수와 강에서 발견되는 놀라운 동물들에 대해 이제야 알아가기 시작했을 뿐이에요.

## 미스터리한 괴물

거대 민물가오리는 세계에서 가장 큰 민물 양식들 중 하나랍니다. 버스 길이의 절반에 달하는 거대한 몸집을 가진 그들은 강이나 물속에서 배를 끌어당길 수 있을 만큼 힘이 세요. 거대 민물가오리는 1990년대까지 발견되지 않았다가, 현재 인도-태평양의 강 지역에서 새로운 종이 확인되고 있어요. 가오리는 보통 안전한 물고기이지만, 자신을 잡으려는 사람들을 공격할 수도 있어요. 꼬리에는 최대 38센티미터 길이의 독성촉 침을 가진 뼈가 있어서 그것으로 찌르면 피부와 뼈를 뚫고 치명적인 독을 퍼뜨릴 수 있어요.

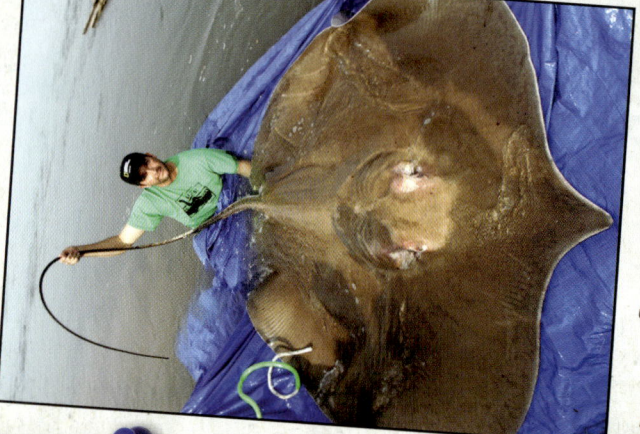

▶ 아주 거대한 크기에도 이 가오리는 잘 발견되지도, 접촉되지도 많아 연구하기가 어려워요.

## 크고 잔인한 수생 곤충

태국물장군은 강에 사는 곤충 중에서 가장 큰 괴물이에요. 그들은 날개에 공기를 저장하는 능력이 있어 물속에서도 숨을 쉴 수 있어요. 헤엄을 치며 작은 곤충을 움직이지 않고 이 거대한 먹이가 다가오기를 기다렸다가 집게처럼 생긴 앞다리로 잡아요. 그러고 빨대처럼 생긴 입 부분을 먹이에 꽂아 차예를 빨아 먹지요.

이 무시운은 새끼 거북이나 뱀을 잡아먹기도 한다고 해요.

## 식인 메기

사람을 먹는 메기에 대한 이야기에 동안 전해져 왔어요. 그중에서도 웰스 메기가 가장 유명한 용의자로 꼽힌답니다. 이 거대한 물고기는 흡식하게 대단히 대단한 무기를 갖추고 있어요. 수백 개의 작은 이빨이 늦어선 거대한 턱과 매우 공격적인 기질은 사람에게 짝짓기를 할 때를 매우 웰스 메기가 사람에게 위협적인 것은 분명하지만, 실제로 그들이 잡아먹는 것은 훨씬 더 작은 감각류, 물고기, 개구리, 벌레, 우리 정도랍니다.

▶ 사실 이 괴물 물고기에 대해서는 알려진 정보가 거의 없어요. 탐험가인 젤 훈전은 이 물고기와 다른 민물고기들을 보호하기 위한 프로젝트를 진행 중이랍니다.

## 생존을 위한 독

'앨리게이터 가'는 이빨이 있는 긴 주둥이를 가진 위협적이고 거대한 물고기랍니다. 주로 다른 물고기나 거북이, 새를 잡아먹어요. 가이 얼과 난황낭인형은 배아의 성장을 위해 필요한 영양 물질이고, 난황낭은 난황이 담겨 있는 주머니예요. 이 고대 물고기가 살아남도록 해 준 아주 중요한 특징이에요. 이것들은 검푸르와 많은 척추동물들에게 독이거든요. 특히 가재와 꽃게가 이 독에 취약하고, 심지어 사람도 그의 알을 만지면 위험해질 수 있어요.

## 씰룩씰룩 꿈틀꿈틀 해

미국 남동부의 탁한 늪에는 악어거북이라는 원시 동물이 살고 있어요. 이 고대 동물은 별레처럼 생긴 혀를 드러내며 먹이를 크게 벌리고 가만히 누워 있는답니다. 꿈틀거리는 혀가 독특한 먹이인 줄 알고 다가오는 동물을 잡아먹는 독특한 사냥 기술을 가지고 있거든요. 하루 사냥감을 유혹해 자신의 입안으로 들어오면 그저 머리를 들어내 그의 입을 닫기만 하면 돼지요.

▶ 앨리게이터 가로등이 길고, 주둥이가 튀어나왔으며, 바늘이 촘촘한 대형 물고기는 3미터 길이까지 자랄 수 있어요.

105

# 박살내고, 치고, 때리고!

무엇이든 부숴 버리는 턱, 잘라 버리는 이빨, 찢어 버리는 발톱은 잔인한 사냥꾼들의 일반적이고 평범한 특징이랍니다. 어떤 동물들은 적을 물리치거나 제압하기 위해 더 놀라운 기술을 사용하고, 자신만의 방식으로 발전시켜요.

수컷 딸기독화살개구리는 주로 아침에 싸움을 끝내요. 오후에는 먹고, 짝짓기를 하고, 새끼를 돌본답니다.

흰꼬리사슴 두 마리가 싸울 준비를 하며 날뛰고 있어요. 매우 두꺼운 두개골은 뇌를 다치지 않게 해 주는 고마운 방어 도구랍니다. 머리를 서로 부딪치며 싸우거든요.

**박치기!**

**씨름!**

수컷 영양이나 사슴은 싸움에 이겼을 때 얻는 보상이 큽니다. 승자가 모든 것을 가져가거든요. 이 동물들은 하렘이라는 방식으로 짝짓기를 해요. 하렘은 번식을 위해 한 마리의 수컷을 암컷들이 공유하는 것을 말해요. 즉, 다음 세대들이 승자의 유전자를 물려받는 것이지요. 일부 영양은 뿔이 1.5미터까지 자라는데, 유난히 크고 인상적인 뿔을 가진 수컷은 뿔만으로도 결투 없이 다른 수컷의 기를 꺾을 수 있어요. 하지만 결투를 피할 수 없는 상황이라면 큰 대가를 치를 수밖에 없답니다. 이들은 주로 머리를 들이박는 식으로 싸움을 벌이는데, 이로 인해 종종 뿔이 부러지기도 하고, 이따금 훨씬 더 심각한 부상을 입기도 하거든요.

수컷 딸기독화살개구리의 집에 들어올 수 있는 것은 오로지 암컷뿐이랍니다. 수컷은 아침마다 이웃 수컷들에게 거리를 두라고 경고하는데, 만약 한 수컷이 보이지 않는 경계선을 넘어서게 되면 살을 맞댄 싸움이 시작되지요. 수컷들은 힘센 다리로 서로를 밀면서 꽉 붙잡고 씨름을 해요. 땅에 떨어지는 수컷은 수치스러움을 느끼며 그 영역을 완전히 떠난답니다.

**독개구리의 피부는 색깔이 매우 화려하지만 독성이 있기 때문에 적이 많지 않아요.**

# 복싱!

말굽이 있는 동물들은 상대가 누구든지 발차기로 물리칠 수 있어요. 세고 빠른 발차기는 뼈를 으깰 수 있을 정도로 강력하답니다. 말과 얼룩말이 뛰어난 싸움꾼인 이유가 바로 그것이지요. 다 자란 얼룩말들은 짝짓기나 먹이를 차지하기 위해 서로 싸워요. 짝짓기를 위해 싸울 때는 보통 약한 발차기만으로도 싸움을 끝낼 수 있지만, 그래도 끝나지 않으면 상대방의 머리를 겨냥해 치명적인 일격을 날린답니다.

## 찰싹!

수컷 동부회색캥거루는 짝짓기 기간에 서로 펀치를 날리며 싸우는데, 이런 스파링 기술은 딩고(호주에 서식하는 들개와 싸우는 데에도 유용하답니다.

캥거루는 킥복싱 기술로 유명해요. 덩치가 크고 거친 이 유대류는 발톱이 있는 앞발로 잽을 날리고, 상대방을 붙잡고, 근육질의 뒷다리로 강력한 발길질을 하는 등 매우 거친 싸움을 한답니다.

얼룩말은 공격을 위해 많은 힘을 써야 하고 빠르게 움직여야만 해요. 하지만 이기면 많은 것을 얻을 수 있기 때문에 치열하게 싸운답니다.

## 물기!

어떤 동물이든 싸움에 휘말린 수컷들은 몸집이나 힘을 과시해요. 수컷 백조들은 마주치면 물 밖으로 몸을 일으키면서 날개를 펴고 목을 구부려요. 이때 더 작은 백조가 꽁무니를 빼게 되지요. 도망가지 않으면 거친 싸움이 일어날 수 있고, 심지어는 죽을 수도 있답니다. 백조는 날개와 부리를 무기로 사용해요.

힘이 센 백조는 상대를 날개로 철썩 때리고, 부리로 쪼듯이 물어요.

# 극한의 서식지

북극이나 남극 같은 극한의 서식지에 사는 동물들에게는 생존 자체가 중요한 문제예요. 식물이 성장할 수 있는 충분한 온기와 빛이 없는 땅에서 살아가는 대부분의 동물들은 육류나 물고기를 먹어야만 하거든요. 다음 식사가 언제가 될지는 몰라요. 얼마나 더 멀리 가야 먹이가 있는지, 얼마나 더 오랜 시간 뒤에 먹을 수 있을지가 극지방 동물의 생사를 좌우한답니다.

## 북극의 방랑자

북극여우는 다양한 종류의 동물들을 사냥하기도 하고, 죽은 동물의 살을 먹기도 해요.

여우는 가장 성공적으로 발달한 포유류 중 하나로, 아주 다양한 서식지에서 살아남을 수 있어요. 북극여우는 북쪽의 극단적인 기후에 잘 적응했고, 환경에 맞게 발달했어요. 여름에는 삼림과 관목 지대에서 잘 위장할 수 있는 갈색 털이 나고, 겨울에는 매우 두꺼운 흰색 털이 난답니다. 넓은 굴이 있는 거대한 지하의 은신처에서 살아요.

## 얼음 상어

그린란드상어의 눈에는 요각류(동물 플랑크톤)가 기생해 살고 있어요.

아주 오래전부터 북극의 얼음 아래에서 살아온 그린란드상어는 느리게 움직이는 사냥꾼으로, 지구에서 두 번째로 큰 육식 상어예요. 1년에 1센티미터밖에 자라지 않는 이 상어의 몸길이가 6미터라니, 얼마나 오랫동안 살았을지 예상이 되나요? 수백 년이겠지요! 어린 그린란드상어들은 물개도 잡아먹을 만큼 강력한 포식자예요. 하지만 늙은 그린란드상어는 눈에 기생충이 사는 경우가 많아요. 그러면 눈이 멀어서 볼 수가 없기 때문에 죽은 고기만 찾아 먹으며 살아간답니다.

## 도둑질하는 새

북극도둑갈매기는 광범위한 지역에 살고 있어요. 여름에는 미국이나 유럽의 북부 해안에서 지낸답니다. 이름처럼 도둑으로 알려져 있어요.

북극도둑갈매기는 도둑이기도 하고, 죽은 동물을 먹기도 하는 포식자랍니다. 다른 새들이 먹이를 토해 내도록 위협해서 뱉어낸 것을 먹기도 하지요. 주로 더 작은 새들을 공격하지만 사람을 포함한 큰 동물들을 공격할 때도 있어요. 대부분의 북극도둑갈매기는 공중에서 공격을 하지만, 몇몇은 조용히 걸어 다른 새들의 둥지에 다가가기도 해요. 특히 제비갈매기의 둥지에서 알과 새끼를 훔치곤 하는데, 안타깝게도 제비갈매기는 도둑맞았다는 사실을 뒤늦게 알아차린답니다.

## 북극의 최상위 포식자

북극곰은 모든 곰들 중에서 가장 크고 무자비합니다. 그들의 거대한 몸은 근육과 지방으로 가득 차 있고, 체온을 유지하고 힘을 쓰기 위해 고열량의 식단을 필요로 해요. 한 마리의 북극곰이 생존을 위해 일 년에 물개 75마리를 먹는다고 하지만, 먹이를 먹지 않고도 8개월은 죽지 않고 살 수 있다고 해요. 북극곰은 사람을 공격하는 동물로 알려져 있어 위험하지만, 사실 가장 위험할 때는 암컷 북극곰이 새끼를 낳아 보호하고 있을 때예요. 절대 건드려서는 안 된답니다.

북극곰 어미가 새끼들에게 사냥하는 방법을 가르치고 있어요. 새끼들이 먹잇감을 두고 싸우고 있네요.

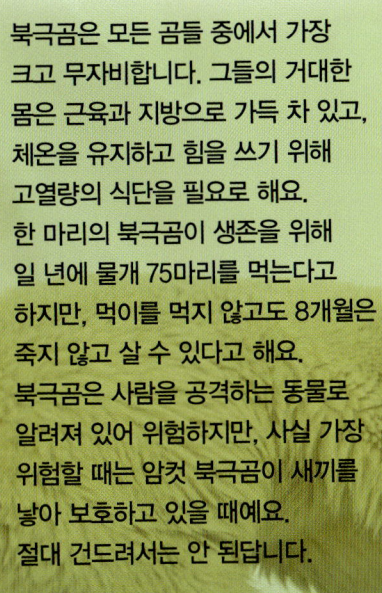

킹펭귄은 몇 달간 먹지 않고도 살 수 있어요. 새끼 킹펭귄이 5개월 동안 굶고도 살아남았다는 기록도 있답니다.

킹펭귄의 몸에 표범물개의 공격을 받아 생긴 상처가 나 있어요.

## 위대한 생존자

펭귄은 바다에서만 먹이를 찾고, 물속에서 시간당 최고 35킬로미터의 속도로 거의 날아다니듯 움직여 물고기를 사냥할 수 있어요. 황제펭귄은 물고기, 갑각류, 오징어를 잡아먹기 위해 적어도 330미터 깊이로 잠수를 한답니다. 펭귄은 끝이 뾰족한 갈고리 모양의 부리를 가지고 있고, 목과 혀는 뒤쪽으로 뻗어 있는 가시로 덮여 있어요. 펭귄은 도둑갈매기나 표범물개 등의 공격을 받기도 해요. 표범물개 한 마리는 끼니를 위해 12마리의 아델리펭귄을 잡아먹기도 한답니다.

# 집단 사냥

동물이 집단을 이루면 안전해질 뿐만 아니라 힘도 세져요. 사냥이나 싸움을 위해 힘을 합치면 더 치명적인 공격을 할 수 있지요. 그러면 사냥에 성공할 확률도 높아져요. 단체로 사냥을 하면 모두가 자신의 몫을 받기 때문에 생존 확률도 커지지요. 사냥을 위해 뭉친 집단은 다른 포식자나 먹잇감이 매우 두려워하는 대상일 수밖에 없어요.

늑대는 집단으로 사냥을 하는 동물이에요. 늑대는 2킬로미터 떨어진 거리에서도 먹이의 냄새를 맡을 수 있고, 10킬로미터 떨어진 곳의 소리도 들을 수 있어요.

## 사자의 협동 사냥

두 마리의 암사자들이 큰 영양 한 마리를 몰아 덮칠 준비를 하고 있어요.

사자의 용맹함은 주변 초식 동물 무리를 두렵게 만들고, 순식간에 한 영역을 지배할 수 있을 만큼 대단해요. 사냥할 때가 되면, 주요 사냥꾼인 암사자는 더욱 예민해지고 용감해진답니다. 암사자들은 공격을 시작하기 전에 끊임없이 서로의 위치를 확인하면서 먹이를 쫓고 포위해요. 사냥을 함께 하면 큰 먹잇감을 얻을 수 있다는 장점이 있거든요. 사자는 궁지에 몰린 먹이의 목덜미를 날카로운 이빨로 물어 질식하게 만들어요.

## 약삭빠른 개과 동물들

들개 무리가 혹멧돼지를 사냥했어요. 모두가 달라붙으면 먹이는 순식간에 뼈를 드러낸답니다.

개과 동물들은 감각 기능이 뛰어나고, 서로 의사소통하고 협력하며 강한 사회적 구조를 형성한답니다. 아프리카들개는 개과 동물들과 비슷한 생활양식을 가지고 있어요. 지도자인 한 쌍을 중심으로 단체 생활을 하고, 6~20마리씩 무리를 지어 사냥하지요. 그들의 사냥 방법은 잔인하지만 효율적이며, 사냥감이 기진맥진해서 거의 쓰러질 때까지 쫓고, 추격하는 동안 힘이 빠지도록 한 번씩 물어서 상처를 내요.

# 잔인하고 영리한 범고래

최근에서야 범고래가 무리를 이루어 사냥을 한다는 사실이 밝혀졌어요. 적응력이 뛰어나고 영리한 범고래는 물고기를 몰아붙인 다음 꼬리지느러미로 때려 기절시켜요. 바다표범을 사냥할 때는 '파도 사냥'이라고 알려진 전략을 쓴다고 해요. 파도 사냥은 파도를 일으켜 바다표범이 앉아 있는 유빙을 끌고가 떨어뜨려 잡아먹는 방법이에요. 학습능력이 뛰어난 어린 범고래들은 이런 기술을 보고 자란답니다.

파도 사냥

1. 범고래들은 먼저 해수면 위로 올라와 유빙 위에서 쉬고 있는 바다표범을 찾아요.

2. 사냥감을 정하면, 범고래들은 무리를 지어 유빙 아래에서 파도를 일으킵니다.

3. 거대한 파도가 일면서 유빙이 조각나고 바다표범은 아래로 떨어져요. 그 밑에는 범고래의 입이 기다리고 있지요.

# 슈퍼 파워!

동물의 세계에는 생존 방법에 대한 놀라운 이야기가 많아요. 탁하고 어두운 해저부터 작고 습한 곤충의 집까지, 어디에서든 싸워서 이겨야 하는 전투가 일어나고, 이에 임하는 동물 중 일부는 비범하고 독특한 능력을 가지고 있답니다.

## 딱총새우

작은 해양 갑각류인 딱총새우는 생김새가 그리 멋있지는 않지만 음파로 공격할 수 있는 능력을 가지고 있어요. 한쪽 발톱이 다른 쪽 발톱보다 훨씬 더 큰데, 이것이 바로 딱총새우의 비밀 무기랍니다. 큰 발톱을 닫으면 물줄기가 시속 100킬로미터의 속도로 뿜어져 나오면서 과열된 공기와 닿아 거품을 만들어 내요. 이 거품이 터지면서 큰 소리와 섬광을 일으켜 먹이를 기절시키거나 바로 죽음에 이르게 할 수 있답니다.

딱!

## 청벌

청벌(또는 뻐꾸기 말벌)은 벌잡이벌(다른 말벌의 일종)의 둥지에 알을 낳고 도망쳐요. 들키지 않고 둥지에 침투했다가 탈출할 수 있는 비결은 보이지 않는 '망토'를 가지고 있기 때문이랍니다. 청벌의 피부는 벌잡이벌의 피부와 매우 유사한 화학 물질로 덮여 있기 때문에 벌잡이벌은 청벌을 침입자가 아니라 같은 가족이라고 여겨요. 청벌의 알이 부화하면, 애벌레는 벌잡이벌의 새끼들을 잡아먹고 자라요.

슬금!

## 복서게

작은 복서게(권투게 또는 가는손부채게라고도 해요)는 자신보다 더 작은 친구들을 이용해요. 따가운 말미잘을 권투장갑처럼 집게에 쥐고 휘두르고 다니거든요. 말미잘을 흔들면서 복서게는 자신이 무장한 상태고 공격할 준비가 되었다는 것을 보여 줍니다. 말미잘들은 복서게가 먹고 남은 것을 먹고 살아요. 서로 도우면서 살아가는 공생 관계인 것이지요.

## 폭탄먼지벌레

알프레드 노벨이 다이너마이트를 발명하기 훨씬 전부터 동물들은 폭탄이 매우 효과적인 무기라는 것을 알고 있었답니다! 폭탄먼지벌레는 체내의 액체를 섞어 독성이 있는 뜨거운 폭발성 액체를 만들어 내요. 이것은 정확하게 포식자를 겨냥하고 공격할 수 있는 강력한 무기랍니다. 이런 폭탄 방어를 사용하는 곤충은 폭탄먼지벌레뿐만이 아니에요. 가미카제흰개미는 위험에 처하면 독성 불꽃을 뿜어내기 위해 자기 몸을 터트려요.

모든 동물의 몸에는 전기가 흐르지만, 그것을 누군가를 죽이는 힘으로 바꿀 줄 아는 동물은 거의 없어요. 전기를 발생시키는 기술을 가장 잘 쓰는 동물이 바로 전기뱀장어랍니다. 이름은 전기뱀장어지만, 사실 이 물고기는 진짜 뱀장어가 아니에요. 긴 형태의 몸을 가진 물고기로, 잉어에 더 가깝답니다. 전기뱀장어는 복부에 있는 6000개의 특별한 '배터리' 세포를 사용해 전기를 일으켜 먹이를 기절시키거나 죽일 수 있고, 600볼트의 전기를 만들거나 저장할 수 있어요.

## 전기뱀장어

# 놀라운 자연

눈을 크게 뜨고 자세히 살펴보세요.
들여다볼수록 신비로운 이야기가 숨어 있는
야생의 특별한 순간들이 펼쳐집니다!

| | |
|---|---|
| 펭귄들의 행진 | 116 |
| 쉬운 사냥 | 118 |
| 나비 떼 | 120 |
| 해변에서의 파티 | 122 |
| 자연의 유목민 | 124 |
| 정어리 떼 대이동 | 126 |
| 갑자기 나타났다 사라지기! | 128 |
| 세기의 라이벌 | 130 |
| 분홍빛 세상 | 132 |
| 어마어마한 무리 | 134 |
| 바닷속 경이로운 광경 | 136 |
| 장거리 여행자 | 138 |
| 신기한 꽃 | 140 |
| 포식자 사냥꾼 | 142 |
| 야생의 한 해 | 144 |
| 북미의 대이동 | 146 |
| 코끼리 떼의 행진 | 148 |

◀ 회색곰은 폭포 가장자리에 자리를 잡고 앉아 있다가 연어가 튀어 올라오면 바로 입을 벌려 잡아먹어요.

# 펭귄들의 행진

황제펭귄은 상상 이상의 인내심을 가지고 있어요. 극지방의 혹독한 겨울 기간 동안, 날지 못하는 황제펭귄은 새끼를 기르고 먹이를 찾기 위해 여행을 떠난답니다. 여정이 이어지는 동안 극한의 기온에서 굶주림을 겪으며 뼛속까지 얼려 버리는 눈보라를 견뎌야 하지요.

▼ 수컷 펭귄들은 알을 발 위에 올려놓고 뱃살로 감싸 따뜻하게 해 줘요.

▼ 최대 5000마리의 수컷들이 옹기종기 모여 체온을 나누고 번갈아가며 가장 바깥쪽을 지켜요. 이렇게 서로를 둘러싸고 밀착해 있는 형태를 '허들'이라고 해요.

## 짝을 만나는 시간

남극해에는 땅이 거의 없기 때문에 황제펭귄들은 얼음을 건너 번식지로 가기 위해 초겨울에 해빙이 만들어질 때까지 기다렸다가 여정을 떠나야 해요. 이때 펭귄들은 짝짓기를 하고, 암컷은 5월 중순에 알을 낳아요. 알을 낳은 암컷은 알을 아빠의 발 위에 옮겨 놓고 먹이를 찾아 바다로 떠나요. 그리고 암컷이 돌아올 때까지 수컷이 알을 돌본답니다.

## 체온을 나누는 무리

암컷들이 바다에서 물고기와 오징어를 충분히 잡아 몸에 비축해서 돌아올 때까지 수컷은 저장해 둔 체지방으로 버티며 함께 모여서 암컷들을 기다려요. 맹렬한 찬바람이 펭귄 무리에게 휘몰아치면, 수컷들은 알과 새끼들을 가운데 두고 몸으로 벽을 만들어 보호하지요. 바다에서 멀리 떨어져 있는 수컷들은 암컷이 돌아올 때까지 대략 64일간 먹이를 먹지 못한 채로 버틴답니다.

황제펭귄의 비늘 같은 깃털은 여러 겹으로 빽빽하게 나 있기 때문에 세고 거친 바람에도 끄떡없어요.

▼ 황제펭귄은 바닷속 최대 400미터 깊이까지 잠수를 할 수 있고, 물속에서 최대 20분까지 머무를 수 있어요.

## 물 만난 펭귄들

바다로 돌아온 황제펭귄들은 육지에서의 뒤뚱거리는 느린 걸음걸이와 달리 활발하게 움직여요. 어뢰 모양의 몸은 시간당 최대 14킬로미터의 속도로 물을 가르며 헤엄을 치고, 어두운 깊은 물속으로 잠수할 수도 있어요. 황제펭귄들이 어두운 해저에서 어떻게 먹이를 찾는지는 아무도 몰라요.

▼ 얼음 위에서 이동하기란 쉽지 않기 때문에, 펭귄은 자기 배를 썰매처럼 이용하기도 한답니다.

▶ 아빠 펭귄들은 극심한 추위와 도둑갈매기와 같은 포식자들로부터 새끼를 보호해야 해요.

## 단식 끝, 잔치 시작!

수컷들은 이제 100킬로미터의 얼음 땅을 이동해 바다로 가야 해요. 먹이 사냥을 마치고 돌아온 암컷들이 새끼들을 먹이고 돌볼 차례지요. 황제펭귄들은 이렇게 부모가 번갈아가며 먹이를 구해 와서 새끼들을 보살핀답니다. 여름이 오고 해빙이 깨지기 시작하면, 새끼들은 부모와 함께 먹이를 찾으러 바다로 떠날 수 있어요.

## 나 홀로 육아

먹이를 잔뜩 먹은 암컷은 알의 부화 시점에 맞춰 무리에게로 돌아와요. 그러면 수컷이 바다로 향하지요. 알을 깨고 새끼가 나오면 암컷은 토해 낸 음식을 새끼에게 먹인답니다.

# 쉬운 사냥

바다를 헤엄치던 연어들이 번식을 위해 강으로 거슬러 올라오는 모습은 그야말로 장관이에요. 하지만 회색곰에게 이 순간은 풍부한 단백질의 먹잇감이 입속으로 날아 들어오는 신나는 시간이지요!

### 패스트푸드

여름이 되면 홍연어는 태어난 곳으로 돌아가는 여행을 시작합니다. 그곳에서 알을 낳아야 하거든요. 연어가 상류로 올라오기 위해 물 위로 뛰어오르는 급류 구간이나 폭포에는 회색곰이 자리를 잡고 입을 벌린 채 기다려요. 연어를 잔뜩 먹은 회색곰은 몇 달간 거의 먹지 않고도 겨울을 날 수 있을 정도의 충분한 지방을 저장할 수 있답니다.

### 먹이에 따라 달라지는 모습

과학자들은 한때 여러 종의 큰곰이 있다고 생각했어요. 그러나 DNA 실험 결과 모두가 불곰에 속하는 같은 종이라는 사실이 밝혀졌지요. 크기나 색깔 같은 생김새의 차이는 주로 먹이에서 비롯된 결과였어요. 예를 들어 알래스카불곰과 해안가에 사는 회색곰은 고단백질의 먹이를 먹어서 몸집이 크답니다.

알래스카불곰 (1.4미터)
해안가 회색곰 (1.2미터)
육지 회색곰 (1.1미터)

큰곰의 크기 (어깨 높이)

▶ 어떤 곳들은 연어가 워낙 많아서 연어가 공중으로 뛰어오를 때 곰이 입을 벌리고 서 있기만 해도 연어를 먹을 수 있어요.

## 번식을 위한 여행

알을 낳으러 가는 동안 연어는 은빛이 감도는 푸른색에서 밝은 빨간색으로 변하고, 머리는 녹색을 띤답니다. 비늘이 아니라(비늘은 투명해요) 피부색이 변하는 것이고, 이런 변색은 곧 짝짓기를 할 준비가 되었다는 것을 뜻해요. 1000만 마리의 산란기 홍연어들이 단 하나의 강을 따라 이동하며, 이때 강물은 주홍빛으로 물이 들지요. 연어들에게 이런 여정은 일생에 단 한 번뿐이에요. 알을 딱 한 번만 낳거든요.

▲ 강의 상류에 도착한 암컷 연어들은 자갈 사이 알을 낳기에 적당한 움푹 패인 장소를 찾아요.

▶ 연어는 알을 낳은 뒤 죽지만, 그들의 썩어 가는 몸은 서식지에 풍부한 영양분을 되돌려줘요. 강에 있는 치어(어린 물고기)와 다른 동물들에게 먹이가 되어 주지요.

## 앞으로, 그리고 위로!

연어 떼는 힘겹게 강을 거슬러 올라가지만, 회색곰 같은 포식자들의 공격이 있을 때마다 수가 많이 줄어들어요. 생존자들만 상류의 자갈밭에 다다르지요. 수컷은 수정을 하고, 암컷은 알을 낳아요. 그리고 곧 둘 다 죽는답니다.

## 부화와 생존

몇 달 후에 연어의 알은 부화하며, 다음 여름까지 강에 남아 있어요. 다 자란 연어들은 반대로 이동하기 시작해 하류로 내려가 바다에 도착한답니다.

▶ 새로 부화한 연어의 새끼를 치어라고 불러요. 한 달 동안 붉은색을 유지하며, 알의 난황을 먹고 자란답니다.

# 나비 떼

많은 철새들이 계절마다 위대한 여정을 떠나요. 하지만 작고 연약한 곤충들이 3000킬로미터의 여행을 한다는 것은 정말 놀랍고 위대한 일이 아닐 수 없어요. 제왕나비는 겨울을 나기 위해 남쪽으로 향하는데, 이 긴 여정은 그들 삶의 일부일 뿐이랍니다.

▶ 다 자란 제왕나비는 길고 가느다란 주둥이를 가지고 있어요. 이것으로 꽃 안쪽에 있는 즙을 빨아들일 수 있지요.

## 다음 세대를 위한 여정

매년 여름이 끝날 무렵 북미의 제왕나비들은 긴 여정을 준비해요. 꽃의 꿀을 홀짝이고 번식을 하며 보낸 짧고 평범한 삶을 뒤로하고 멕시코를 향한 긴 여행을 시작할 운명을 타고났기 때문이지요. 낮이 짧아지고 시원한 가을 공기가 밀려오면, 용감한 이 무리는 먹이를 먹고 에너지를 저장한 후에 여행을 떠난답니다.

### 변태

나비는 애벌레에서 성충으로 자라면서 변태라는 과정을 거쳐요. 여름 동안 애벌레는 식물의 유액을 먹으면서 자라고, 몸에 독성이 있는 액체를 저장해요. 이 독성 액체는 포식자들에게 해롭답니다.

1. 애벌레는 통통하게 자라서 번데기가 된답니다. 이 기간 동안 그들의 몸은 성체로 발달해요.

2. 번데기는 비단실에 매달려 있어요. 번데기 단계에서 날개와 복부와 같은 신체 부분이 형성되지요.

3. 성체가 번데기에서 나와요. 몸이 여전히 무른 상태이기 때문에 굳어져야 날 수 있게 되지요.

## 어마어마한 제왕나비 무리

태양을 나침반으로 삼아, 지구의 자기장을 이용해 길을 찾으며 수백만 마리의 제왕나비 성체들이 남쪽으로 날아갑니다. 여행 중에 먹이를 먹으면서 성체는 몸무게가 늘어요. 그러면 기류를 타고 활공을 하면서 에너지를 절약하지요. 밤이 되면 휴식을 취하기 위해 함께 모여요.

▼ 셀 수 없을 만큼 많은 수의 제왕나비 떼가 하늘을 나는 모습은 그야말로 장관이랍니다. 하루에 무려 최대 130킬로미터의 거리를 날아가요.

## 쉬어 가는 곳

냉혈 동물인 나비는 북부 지방의 추운 겨울을 견디지 못하기 때문에 따뜻한 보금자리를 찾아가야 해요. 여행을 떠난 나비들은 종종 이전 세대가 머물던 곳을 찾아가는데, 그들이 어떻게 그곳을 찾아내는지는 아무도 몰라요. 멕시코의 숲은 곤충들의 신진대사가 느려질 정도로 시원하지만 얼 정도로 춥지는 않기 때문에 곤충들이 쉬기에 완벽한 환경이라고 해요.

◀ 겨울을 보낼 보금자리를 찾은 나비들은 가사상태(활동이 거의 멈춘 상태)로 들어가 저장해 두었던 체지방을 조금씩 꺼내 씁니다. 이 기간에 일부는 숲 바닥에 떨어질 수도 있고, 다른 일부는 새에게 잡아먹히기도 해요.

▶ 제왕나비의 이주에 대해 알기 전까지 이들이 어떻게 겨울을 나는지는 수수께끼였답니다.

## 집으로

봄의 온기가 나비를 깨워요. 나비들은 더 활동적으로 움직이고, 먹이를 많이 먹으며, 짝짓기를 시작해요. 곧이어 북쪽으로 여행을 떠나고, 나중에 그들의 자손과 합류하며, 이동의 마지막 단계를 완성해요.

# 해변에서의 파티

달빛을 따라 수천 마리의 올리브각시바다거북들이 해안으로 쏟아져 나와요. 모든 거북들은 알을 낳을 때가 되면 땅으로 나온답니다. 그러나 올리브각시바다거북들만이 단체로 해변에서 동시에 알을 낳아요. 수백만 년 전부터 행해 온 그들만의 의식이랍니다.

▼ 다른 모든 파충류처럼 거북도 공기를 마셔요. 땅 위에 둥지를 틀어서 알 안에서 배아가 자라는 동안 숨을 쉴 수 있지요.

▼ 암컷들은 땅을 파서 둥지를 만들고 그 안에 알을 낳아요. 해마다 최대 3번 정도 알을 낳는답니다.

## 집단 산란

코스타리카의 오스티오날 해변에는 달마다 2만 마리가량의 암컷 올리브각시바다거북들이 나타나요. 집단 산란을 위한 이 거북들의 단체 출현은 자연계에서 볼 수 있는 아주 영리한 번식 전략 중 하나랍니다. 알을 집단으로 동시에 낳으면 보호하기 쉽고 안전도 좀 더 보장되거든요.

## 재빠른 작업

거북은 물속에서는 민첩하고 빠르지만 땅 위에서는 느리답니다. 그들은 무거운 몸을 이끌고 지느러미같이 생긴 앞다리로 해변으로 가서 부드러운 모래에 구멍을 파요. 이 일은 거북에게 쉬운 일이 아니라서 거북은 구멍을 파면서 크고 깊은 숨을 내뿜지요. 그리고 뒷다리로 더 깊은 구멍을 만들어 그 안에 약 100개의 알을 낳아요. 알을 다 낳고 나면 모래로 알을 덮고 다시 바다로 돌아간답니다.

▼ 새로 부화한 거북들은 바다로 향해요. 그리고 바다에서 최대 15년 동안 머무를 거예요. 암컷들은 해변의 냄새를 기억하고 있다가, 때가 되면 알을 낳기 위해 돌아온답니다.

## 태어나자마자 바다로!

새끼 거북은 알 속에서 45일에서 60일간 발달 단계를 거쳐요. 이때 주변의 온도가 발육에 영향을 미친답니다. 낮은 온도에서는 암컷보다 수컷이 더 많이 태어나요. 태어난 새끼 거북들은 근처에 숨어서 기다리던 포식자들을 피해 곧장 바다로 돌진해야 해요.

▼ 100여 개의 알 중 부화하는 알은 하나 정도예요. 작은 새끼 거북들은 눈도 거의 뜨지 못한 채로 바닷바람을 마시며 바다를 향해 달려가지요. 달려가는 동안 그들의 폐가 발달합니다.

▼ 최대 300명의 사람들이 오스티오날 해변의 거북 둥지에서 알을 수집하고 분류하는 일을 해요.

켐프각시바다거북은 한때 수백 마리만 남아 있었어요. 다행히 이들을 보호하려는 노력 끝에 개체 수가 1000마리까지 회복되었답니다.

## 거북알 수확

오스티오날 해변은 세계에서 유일하게 합법적으로 거북알을 수확할 수 있는 곳이에요. 매년 이 지역에서는 식재료와 판매 용도로 약 400만 개의 거북알이 수확되고 있어요. 수확량을 통제하고 있기는 하지만, 인근 지역에서는 거북의 둥지를 그대로 보존하고 관광을 활성화하는 것이 경제적으로나 거북 보호 면에서 더 낫다고 여긴답니다.

# 자연의 유목민

영양 무리는 먹이와 물을 찾아 아프리카 초원을 떠돌아다녀요. 그들의 이런 여정은 악어들이 기다리고 있는 마라강과 그루메티강으로 이어지지요. 영리한 악어들은 무리의 가장자리에 있는 약한 동물들을 표적으로 삼아요. 그래서 무리에서 조금만 벗어나도 곧장 목숨을 잃을 수 있답니다.

## 위험한 강

풀을 찾아 돌아다니는 누 떼는 세렝게티의 남쪽 평원과 마사이 마라의 북쪽 땅을 계속해서 순환하며 이동해요. 해마다 이 동물들은 약 2900킬로미터의 거리를 이동한답니다. 마라톤처럼 계속되는 이 이동이 중단될 때가 있는데, 바로 굶주린 악어들이 기다리는 위험한 강을 건널 때지요.

## 번식기

무리의 번식 기간은 대단한 광경이 펼쳐지는 시기랍니다. 하루에 8000마리의 누 새끼들이 태어나기도 하거든요! 산란기는 보통 1월과 3월 사이에 몇 주 동안 지속되지요. 암컷은 다른 동료들에게 둘러싸여 보호를 받으며 각각 한 마리의 새끼를 낳아요. 단체로 새끼를 낳는 이런 번식 전략은 개체 수 유지에 아주 유용하답니다. 새끼들의 수가 포식자들의 수보다 훨씬 많으니까요.

▲ 새끼들은 보통 비가 내리기 시작할 때 태어나요. 새끼 누는 태어난 지 15분 만에 스스로 설 수 있어요.

## 악어의 사냥법

대부분의 악어들은 혼자 사냥을 해요. 하지만 나일악어들은 누 떼가 강을 건넌다는 사실을 알고 있고, 이들을 기다렸다가 단체로 사냥을 하지요. 나일악어들은 교차점에서 함께 기다리며 누들이 움직이기만을 기다린답니다. 그러곤 가장 연약해 보이는 누를 겨냥해 가는 길을 막고 가까이 접근해 순식간에 잡아 버려요.

▲ 누가 악어의 턱에서 벗어나려고 발버둥치지만, 6미터 길이에 엄청난 힘을 가진 나일악어는 너무나 강력한 포식자예요.

### 순환 이동
북쪽에 사는 누 떼는 건기가 되면 비를 따라 남쪽으로 이동해 새끼를 낳아요. 그러곤 서쪽의 목초지를 지나 다시 북쪽으로 돌아온답니다.

### 꼭꼭 숨어라!
약 200만 마리의 유목 동물들이 아프리카 초원을 가로질러 끊임없이 이동하고 있어요. 대부분의 이동 동물들은 누 무리지만, 약 20만 마리의 얼룩말이 누 무리 안에 숨어서 이동하면서 이 거대한 무리의 일부가 된답니다. 사자로부터 자신들을 보호할 수 있는 좋은 방법이지요.

▼ 얼룩말은 계속해서 새로운 방목지로 이동해야만 살아남을 수 있어요. 방대한 야생 누 떼 사이에 숨어 있으면 포식자들로부터 몸을 보호할 수 있지요.

▲ 흰수염누는 검은꼬리누의 5개 아종 중 하나랍니다. 흰수염누는 먹이와 물, 그리고 암컷이 젖을 만드는 데 필요한 인을 함유하고 있는 영양소를 찾아 이동해요.

# 정어리 떼 대이동

파닥거리는 수많은 꼬리들이 남아프리카의 동해안을 따라 거센 물길을 만들어 내며 하나의 덩어리를 이루어요. 이것이 바로 자연에서 목격할 수 있는 가장 놀라운 장면 중 하나인 정어리 떼의 대이동이에요! 이 거대한 물고기 떼는 주변의 눈길을 끌 수밖에 없어요. 포식자 수천 마리가 근처에 모여 잔치를 벌일 준비를 하지요.

▶ 케이프 가넷이라는 새는 물고기를 먹기 위해 잠수를 해요. 하지만 물고기를 너무 많이 먹으면 날 수 없게 되어 상어의 먹잇감이 되기도 한답니다.

## 북쪽으로

매년 5월부터 7월까지 수백만 마리의 정어리들이 번식을 위해 산란지로 이동해요. 이 대이동은 차가운 겨울 물살을 따라 남아프리카의 동쪽 해안을 거쳐 북쪽으로 향해요. 과학자들에 따르면, 이들이 이동하는 이유는 북쪽의 물이 알과 치어(부화한 새끼 물고기)의 생존에 더 나은 환경을 제공하기 때문일 거라고 해요. 즉 이 위험천만한 여행은 새끼들에게 더 좋은 삶을 제공하기 위한 것이지요.

## 굶주린 사냥꾼들

수많은 포식자들이 정어리 떼와 나란히 헤엄치면서 정어리들을 해안가로 몰아요. 청새치, 참치, 바다표범, 상어, 가넷, 돌고래, 고래 등이 정어리 잔치를 즐기러 오는 굶주린 사냥꾼들이랍니다.

알바트로스, 펭귄, 그리고 범고래는 정어리를 먹기 위해 남부 바다에서 수천 마일을 이동하기도 해요.

## 미끼 공

몸집이 작지 않고 은빛으로 반짝이는 정어리들이 포식자들로부터 자신들을 보호하는 유일한 방어책은 포식자를 혼란스럽게 하는 '미끼 공'을 만드는 것이에요. 은빛 정어리들이 빽빽이 들어찬 소용돌이치는 공 모양을 만들어 포식자들을 속이려는 것이지요. 하지만 끈질긴 포식자들은 이런 위장술에 속지 않아요. 심지어 공을 보고 정어리가 있다는 것을 알아채기도 하지요. 관광객과 어부들도 마찬가지랍니다. 정어리를 잡기 위해 그물을 가지고 물속에 들어가면, 배회하는 상어들이 정어리 미끼 공을 눈여겨보고 있는 장면을 목격할 수 있거든요.

▼ 어부들은 잠수하는 새나 움직이는 돌고래 떼를 보며 정어리 떼의 위치를 짐작해요. 한 그물에 수천 마리의 물고기를 잡아들일 수 있지요.

▶ 돛새치는 미끼 공을 형성하고 있는 정어리들을 부리로 때린 다음 돌진해서 그것들을 통째로 삼켜 버려요.

▲ 상어는 보통 혼자 살지만, 정어리 떼가 있는 곳에서는 무태상어, 흑상어, 황소상어, 모래뱀상어, 뱀상어가 모여 있는 모습을 볼 수 있어요.

## 먹이를 따라

정어리 떼가 대이동을 하는 정확한 이유는 여전히 수수께끼로 남아 있어요. 보통 번식을 위해서라고 알려져 있지만, 아직 확실한 이유는 밝혀지지 않았답니다. 예외적으로 따뜻한 해에는 정어리 떼의 대이동이 종종 없는 것으로 보아, 해수 온도가 낮아지면 해안을 따라 움직이는 것으로도 보여요. 정어리들은 주된 먹이인 플랑크톤이 풍부한 한류를 따라 이동하고, 그러다 보니 수백만 마리로 이뤄진 거대한 다른 무리도 더해져서 엄청나게 기다란 덩어리를 이루게 된답니다.

# 갑자기 나타났다 사라지기!

수세기 동안, 인류의 조상들은 몇몇 동물 집단이 먼지나 흙, 또는 썩은 고기로부터 자연적으로 발생한다고 믿었어요. 뜬금없이 수천 마리의 동물들이 갑자기 나타나는 놀라운 모습을 목격하곤 했거든요.

▶ 가터뱀은 서로 몸을 밀착해 열을 내고 몸을 따뜻하게 유지하기 위해 떼를 지어 다녀요. 덕분에 짝짓기도 한결 수월하답니다.

## 단체 짝짓기

하얀 눈이 채 녹지도 않은 시점에 첫 번째 수컷 가터뱀이 겨울잠에서 깨어나요. 봄의 온기가 땅에 닿을 때가 되면 이미 수만 마리의 수컷들이 흥분한 상태로 암컷의 등장을 기다리지요. 이것이 바로 세상에서 가장 놀랍고 큰 파충류 모임이랍니다. 암컷들은 겨울잠에서 깨어나자마자 짝짓기를 할 채비를 마치고, 한 암컷당 수컷 50마리까지 들러붙어 짝짓기를 해요.

▼ 하루살이 떼는 물에서 날아오르자마자 짝짓기를 하려고 짝을 찾아요.

## 하루살이

수십만 마리의 하루살이 유충들이 연못의 퇴적물 사이에서 때를 기다리며 자라요. 하루살이를 움직이게 하는 가장 큰 요인은 기온의 변화랍니다. 날개를 가진 성체로 변하면 하루살이는 날아올라요. 하지만 이름에서 알 수 있듯 오래 살지 못하고, 하루에서 최대 3일까지만 살면서 짝짓기를 하고 죽는답니다.

## 주기매미

수백만 마리의 '주기매미'들이 동시에 부화하는 현상을 과학자들은 대량 발생이라고 불러요. 주기매미는 13년 또는 17년마다 태어나는 매미들이랍니다. 놀라운 등장과 함께 요란하고 끊임없는 짝짓기 소리가 이어지지요. 땅속에서 유충으로 살다가 성충이 되고 나갈 때가 되면 13년 또는 17년(종에 따라 두 주기로 나뉘어요)을 올라가는 길을 파내고 짝짓기를 준비해요. 수컷들은 암컷들을 유혹하기 위해 계속해서 노래를 부르지만, 사실 아주 짧은 노래랍니다. 주기매미들은 성체로 단 몇 주 동안만 살 수 있거든요.

▼ 최대 150만 마리의 주기매미가 4000제곱미터의 땅에 동시에 나타나서 탈피하고 짝짓기를 하고 죽기도 해요.

## 끈적끈적한 텐트

수백만 마리의 천막벌레나방(또는 텐트나방) 애벌레들이 작은 알에서 나와 꿈틀거리며 나무와 덤불을 덮어 버려요. 애벌레들은 비단실로 보호막을 만들어 텐트처럼 쳐요. 나뭇잎을 먹고 난 후에 텐트로 돌아와 먹이를 소화시키고 쉬는 것이지요. 끈적끈적한 비단 텐트는 새와 같은 다른 포식자들이 오지 못하게 막아 준답니다.

◀ 방추나방의 애벌레는 나무 위를 떼 지어 이동하면서 잎을 벗겨 내고 다니며 흔적을 남겨요.

# 세기의 라이벌

동물들은 번식을 위해 살아가기 때문에, 때로 어떤 수컷들은 자신의 유전자를 물려받을 새끼를 만나기 위해 자신의 생명과 몸의 일부를 거는 싸움을 하기도 해요. 치열한 짝짓기 경쟁은 숨 막히고 피 터지는 싸움으로 번지기도 하지요.

## 싸움 시작!

똑똑한 동물들은 싸움을 시작하기 전에 경고를 하는 방법을 택해요. 코끼리물범은 크게 포효하고 머리를 흔들지요. 자신의 크기나 힘을 과시하는 이런 행위는 어떠한 신체 접촉 없이도 상대를 제압할 수 있는 방법이에요. 하지만 이것이 먹히지 않으면, 코끼리물범은 곧바로 싸움을 시작합니다! 그들은 서로에게 정면으로 돌진해 머리를 부딪치면서 맹렬하게 싸워요. 그들은 머리와 목 주위에 두꺼운 지방과 근육이 있어서 충격을 어느 정도 감당할 수는 있지만, 싸움으로 인해 보통 부상을 입고 죽기도 한답니다.

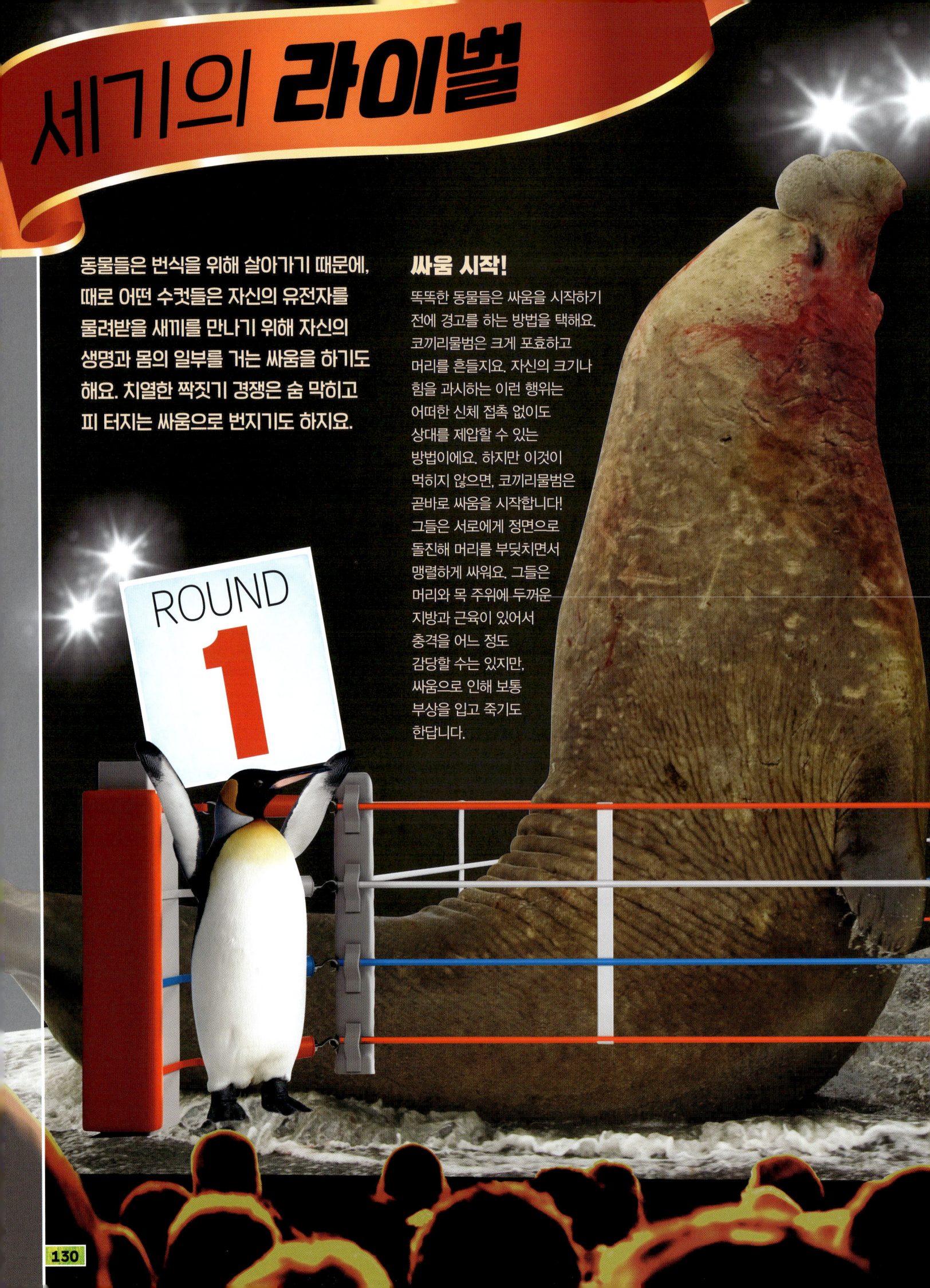

## 헤라클레스 장수풍뎅이 VS. 헤라클레스 장수풍뎅이

**선택한 무기:** 거대하고 뾰족한 뿔
**피해 정도:** 상대방을 반으로 잘라 버릴 수 있음

**대결 강도 10**

헤라클레스장수풍뎅이는 몸집에 비해 힘이 엄청나게 세기 때문에 지구에서 가장 강한 곤충들 중 하나로 꼽힌답니다. 그들은 싸울 때 집게처럼 생긴 뿔로 상대방을 붙잡고, 들어올리고, 내려치는 기술을 써요. 몸의 길이는 15센티미터지만, 자신의 몸무게보다 850배나 무거운 것도 들어올릴 수 있을 만큼 힘이 세지요. 싸움에서 이기면 암컷과 짝짓기를 할 수 있어요.

## 기린 VS. 기린

**대결 강도 5**

**선택한 무기:** 엄청나게 긴 목
**피해 정도:** 종종 치명적일 수 있음

작은 무리를 지어 사는 다 자란 수컷 기린들은 특히 가임기의 암컷이 주변에 있을 때 자주 싸우곤 합니다. 그들은 서로 목을 구부리고 머리를 곤봉처럼 이용해 싸워요. 타이밍 좋게 후려치면 상대방을 땅에 쓰러뜨려 일시적으로 의식을 잃게 할 수도 있어요.

◀ 수컷 코끼리물범은 싸울 때 코를 부풀리고 으르렁거려요. 코끼리물범의 포효 소리는 너무 커서 멀리 떨어진 곳에서도 들을 수 있답니다.

## 스페인 아이벡스 VS. 스페인 아이벡스

**대결 강도 5**

**선택한 무기:** 큰 뿔
**피해 정도:** 심각한 상처를 낼 수 있고 그로 인해 죽을 수도 있음

뿔 달린 동물들의 결투는 흔하지만, 스페인아이벡스 수컷들의 결투는 더욱 치열하답니다. 수컷 스페인아이벡스들은 발정기가 되면 단단한 두개골과 근육질 어깨, 그리고 뿔을 사용해 짝짓기를 위한 암컷을 차지하기 위해 피 터지게 싸워요. 좋은 방어 조건을 가지고 있음에도 불구하고, 75센티미터까지 자라는 뿔은 치명적인 상처를 입힐 수 있어요.

## 거친 수컷들

동물의 세계에서는 수컷이 가능한 한 많은 암컷과 짝짓기를 하려고 해요. 그래서 다른 수컷들과 싸워야 하는 상황이 생길 때마다 자신의 크기와 힘을 과시하고, 무기와 기술을 사용해 최선을 다해 싸워야 하지요. 그 결과 일부 동물의 수컷들은 암컷에 비해 몸집이 크고, 종종 인상적인 뿔이나 엄청난 근육질의 어깨 또는 큰 송곳니와 발톱을 가지게 되었답니다.

▲ 수컷 코끼리물범은 암컷보다 몸무게가 4~5배 정도 더 나가요.

# 분홍빛 세상

아름다운 분홍색 홍학들이 먹이가 풍부한 아프리카의 소다호(물속 나트륨 함량이 높은 호수)로 모여들어 활보하고 있어요. 100만 마리 이상의 홍학이 분홍빛 물결 같은 광경을 만들어 내며 먹이를 먹고 춤을 추지요. 이 모습은 세계에서 가장 아름다운 광경 중 하나로 꼽힌답니다.

### 눈부신 분홍색 춤꾼들

수백만 마리의 분홍색 홍학들이 소다호에 몰려드는 데에는 먹이 말고도 다른 이유가 있어요. 바로 구애를 위해서랍니다. 홍학의 구애 행동은 머리를 흔들고 날개를 퍼덕이는 춤으로 시작해 곧 무리가 함께하는 행진으로 이어지지요. 행진하는 홍학 무리는 물 위에서 매우 부드럽게 움직이기 때문에 꼭 미끄러지듯이 스케이트를 타는 것처럼 보여요. 그러는 사이 어느새 짝을 이루고 둥지가 생겨나기 시작하지요.

### 소다호

아프리카의 그레이트리프트밸리에는 소다호가 줄지어 있어요. 그곳의 맹렬한 열기와 물속의 알칼리성 미네랄이 합세해 많은 양의 가성소다를 함유한 소다호를 형성하지요. 가성소다는 대부분의 생물에게 해롭답니다. 하지만 시아노박테리아라고 불리는 작은 생명체들은 이곳에서 번성할 수 있지요. 그리고 그중 하나인 스피룰리나는 주기적으로 특정 기간에 폭발적으로 증가해 소다호를 걸쭉하고 영양분이 풍부한 녹색 수프로 변화시켜요. 이 녹색 수프를 먹기 위해 홍학이 이곳에 모여든답니다.

▶ 수만 마리의 홍학이 한꺼번에 케냐의 보고리아 호수로 몰려들어요.

## 홍학의 색깔

홍학의 특별한 색깔은 카로티노이드라는 색소를 지닌 스피룰리나 때문이에요. 홍학이 시아노박테리아(청록색 세균)의 일종인 스피룰리나를 먹으면 색소가 깃털로 가거든요. 먹는 방법은 이래요. 커다란 발을 이용해 물을 휘휘 저어서 스피룰리나가 수면 위로 떠오르면 목을 구부려 수면 위에서 머리를 상하좌우로 흔들며 들이마셔요. 홍학의 입안에는 수천 개의 얇은 골판이 있어서 물에서 작은 박테리아들을 거를 수 있답니다.

▼ 먹이를 먹는 동안에도 홍학은 포식자가 다가오는지 살필 수 있어요.

◀ 수컷 홍학 무리는 멀어졌다가, 가까워졌다가, 동시에 방향을 바꾸는 식의 구애를 위한 춤을 춘답니다.

▲ 호수 근처에는 홍학을 잡아먹으려고 호시탐탐 기회를 노리는 하이에나들이 있어요.

### 서식지 파괴!

아프리카의 꼬마홍학 개체 수가 감소하고 있어요. 소다호의 생태계가 무너지고 있기 때문이에요. 사람들이 상업적 목적으로 호수에서 소다회(탄산나트륨)를 추출해 서식지를 훼손시키기도 하고, 주변의 증가하는 인구 또한 상당한 영향을 미친답니다. 호수로 흘러 들어가는 강물을 농업을 위해 끌어다 써서 물도 줄어들고, 오염이 심해지고 있지요.

# 어마어마한 무리

2000만 마리의 박쥐들이 하나의 무리로 뒤엉켜 있다면 얼마나 무서울까요? 하지만 이 작은 포유류들은 해로운 동물이 아니랍니다. 멕시코자유꼬리박쥐는 지구상에서 가장 큰 무리를 형성하는 동물로, 수천만 마리가 하나의 동굴에서 서식하기도 해요. 이 무리는 살아남기 위해 엄청난 양의 먹이를 필요로 해요. 그런데 그들은 농업에 해가 되는 곤충들을 잡아먹기 때문에 사람에게는 이로운 동물이랍니다.

## 가장 큰 무리

날개를 펄럭이며 사냥을 떠나는 박쥐들

## 살인벌의 공격

언뜻 보기에 '살인벌'의 모습은 유럽의 꿀벌과 거의 똑같아요. 하지만 살인벌은 먹이가 부족하거나 새로운 둥지를 만들고자 할 때 빠르게 무리를 지어 굉장히 위협적인 행동을 해요. 이 벌 떼는 둥지로부터 약 15미터 떨어진 거리에 있는 사람도 탐지할 수 있고, 방어를 위해 주저하지 않고 독침을 쏴요. 그들은 빠르게 움직이며 공격을 하고, 심지어 사람들을 꽤 멀리까지 쫓아가기도 한답니다. 침 한 방은 그리 치명적이지 않지만, 떼로 달려든 그들에게 수백 방의 침을 맞으면 사망할 수도 있어요.

벌, 새, 박쥐, 벌레 한 마리의 행동은 그리 대수롭지 않게 보일 수 있지만, 이들이 함께 뭉치면 상황은 달라져요. 자신의 몸무게보다 훨씬 더 큰 타격을 줄 수 있고, 치명적인 영향을 미칠 수 있지요. 수백만 마리가 무리를 이루기도 하고, 떼를 지은 모습 또한 매우 놀랍답니다.

## 경이로운 광경

아프리카의 관목지 위를 뒤덮은 황갈색의 거대한 덩어리

멀리서 보면 빠르게 움직이는 먼지 구름으로 착각할 수도 있는 이 무리는 지구상에 두 번째로 많이 살고 있는 조류인 홍엽조들이랍니다.

수천 마리의 홍엽조들이 씨앗 작물과 나무를 뜯어 먹기 위해 몰려들어요. 총 15억 마리 이상의 홍엽조가 한꺼번에 몰려들면 지나가는 데만 해도 5시간이 걸리기도 한답니다.

메뚜기 떼를 이루는 메뚜기 수는 16,000,000,000 마리예요!

## 메뚜기와의 전쟁

어마어마하게 많은 메뚜기가 떼로 몰려들면, 농작물을 지키기 위해 그들과 전쟁을 치를 수밖에 없어요.

- 메뚜기는 매일 자신의 몸무게만큼 먹이를 먹어요.
- 메뚜기 떼는 24시간 안에 3만 5000톤의 음식을 먹어 치울 수 있어요.
- 2004년에 약 690억 마리의 메뚜기들이 떼를 지어 북서아프리카를 초토화시켰어요.
- 메뚜기 떼는 하루에 약 130킬로미터 이상을 이동할 수 있어요.
- 1988년에는 한 메뚜기 떼가 서아프리카에서 카리브해에 이르는 약 5000킬로미터의 거리를 10일 만에 이동했어요.
- ▶ 2004년에 세네갈은 최악으로 꼽히는 메뚜기 떼의 습격을 받아 많은 피해를 입었어요.

# 바닷속
## 경이로운 광경

자연의 가장 놀라운 광경 중 일부는 바다와 해안가에서 목격할 수 있어요. 보이지 않는 곳에서 새우 떼가 해저를 가로지르며 행진하고, 황금 해파리들이 바닷속에서 우아하게 움직이고, 오징어들이 짝을 위해 아름다운 춤을 추지요.

### 황금해파리

1000만 마리의 황금해파리가 태평양 팔라우의 해양 호수로 이동해요. 염분이 있는 호수는 바닷물과 연결되어 있기 때문에 조수가 있어요. 매일 아침, 황금해파리는 수면으로 올라가서 태양의 움직임을 따라 호수를 가로질러 유영한답니다. 햇빛은 해파리 내부에 서식하며 에너지를 공급하는 해조류의 건강에 필수적이거든요.

### 단체 춤

호주의 대왕갑오징어는 길이가 1.5미터까지 자란답니다. 겨울에는 수천 마리의 수컷이 화려한 색깔을 뽐내며 암컷을 유혹하기 위해 얕은 바다로 이동해요. 단체 구애 춤은 수컷들이 각자의 우월함을 뽐내기 위해 다리와 몸을 쭉쭉 뻗으면서 시작해요. 다른 갑오징어들처럼 대왕갑오징어들도 순식간에 색깔을 바꿀 수 있고, 암컷 갑오징어는 물론 잠수부들이 모여 공연을 즐길 정도로 인상적인 쇼를 연출하지요.

▼ 수컷 대왕갑오징어는 구애를 하는 동안 그의 짝을 경쟁자로부터 보호해요.

### 재빠른 행진

늦여름의 폭풍은 카리브해의 닭새우들을 움직이게 해요. 바닷물이 시원해지고, 낮은 바람이 얕은 물을 흔들어 탁하게 만들면 닭새우들은 이동할 준비를 한답니다. 한 줄로 늘어선 이 용감한 갑각류들은 따뜻한 물이 있는 더 깊은 지역으로 행진해요. 그들은 이곳에서 짝짓기를 하고, 봄이 되면 얕은 여울로 돌아간답니다.

▲ 닭새우는 행진을 할 때 앞에 있는 닭새우의 꼬리에 딱 붙어서 질서정연하게 한 줄을 이룬답니다. 이 독특한 행진은 깊은 바닷속에서 이루어지기 때문에 우리는 거의 볼 수 없어요.

▶ 황금해파리는 햇볕을 쬐어 몸 안에 사는 미세한 해조류가 생존에 필요한 빛을 받을 수 있도록 한답니다.

## 조심해!

범고래는 빙하나 육지에 접근할 때 잠시 검은 등지느러미를 보이는 것 외에는 어떤 경고도 없이 나타난답니다. 이 최상위 포식자들은 육질이 풍부한 바다표범을 사냥하기 위해 빙하나땅에 접근해요. 엄청난 힘과 속도를 자랑하는 범고래들은 먹이를 잡기 위해 해안으로 몸을 던지지요. 유빙 위에서 쉬고 있던 바다표범은 이렇게 얼음판을 부수고 뒤집어 버리는 범고래에게 속수무책으로 당할 수밖에 없답니다.

▶ 거대한 몸집에도 불구하고 범고래는 바다표범이 알아채지 못하게 다가가 재빨리 공격해요.

닭새우 떼는 약 50킬로미터의 거리를 며칠 만에 이동할 수 있어요. 한 줄로 함께 이동하면 저항을 줄일 수 있어 훨씬 빠르게 움직일 수 있답니다.

# 장거리 여행자

많은 조류가 계절에 따라 놀라운 여정을 떠나지만, 큰뒷부리도요는 그중에서도 가장 대단하고 멋진 새랍니다. 세계를 반 바퀴 도는 대장정에 나서거든요.

## 세계를 여행하는 새

큰뒷부리도요는 놀라운 체력을 자랑하는 아름다운 외모의 새랍니다. 북부 툰드라의 시원한 지역에 서식하며, 여름에 둥지를 틀고 새끼를 기르지요. 이후 이 새들은 체중의 절반 이상에 달하는 체지방을 비축한 후에 먹이를 찾으러 남쪽으로 이동하기 시작해요. 그들은 적도를 가로질러 남쪽으로 쉬지 않고 날아갈 수 있어요.

▶ 근육질의 도요 수컷이 노르웨이를 떠나고 있어요. 이 새의 최종 목적지는 호주나 뉴질랜드, 또는 남아프리카일 거예요.

## 대단한 인내심

남쪽으로 이주하는 큰뒷부리도요는 절대 쉬거나, 먹거나, 마시지 않아요. 일부는 겨우 생후 2개월 남짓밖에 되지 않는데도 말이지요. 남반구의 겨울이 다가오면, 이 새들은 다시 여행을 준비한답니다. 일부는 툰드라로 돌아오는 길에 따뜻한 날씨를 더 즐기기 위해 잠시 유럽에 들르기도 해요.

## 신기록 보유자

E7으로 알려진 한 암컷 도요를 추적해 본 결과, 전 세계에서 가장 길고 빠른 철새 이동을 하는 것으로 나타났어요. 2007년 3월, 이 새는 뉴질랜드를 떠나서 휴식을 취하고 먹이를 먹기 위해 중국에서 멈췄어요. 이후 알래스카로 향했고, 그곳에서 두 마리의 새끼를 낳고 길렀지요. 8월 29일, E7은 곧장 뉴질랜드로 돌아가는 여정을 시작해, 8일 만에 서식지에 도착했답니다.

- 알래스카 (미국): 5월 1일~15일
- 7237킬로미터
- 중국: 3월 17일~24일
- 1만 219킬로미터
- 태평양
- 8월 17일~29일
- 1만 1570킬로미터
- 출발/도착: 뉴질랜드

138

## 또 다른 장거리 기록

붉은가슴도요는 남아메리카의 남부와 캐나다 북극 사이를 이동해요. 큰뒷부리도요와 비슷한 장거리 기록을 가지고 있지요. 한 번 여정에 나서면 이동 거리가 약 1만 7000킬로미터에 달한답니다. 붉은가슴도요는 먹이를 먹고 휴식을 취하기 위해 도중에 멈추기도 하는데, 신기하게도 북아메리카의 델라웨어만에서 투구게 떼와 꼭 맞닥뜨려요. 이 시기에 투구게 떼는 짝짓기를 위해 델라웨어만에 모여들거든요. 때마침 마주친 투구게의 알은 단백질이 풍부해 도요에게 훌륭한 에너지원이 된답니다.

▲ 굶주린 붉은가슴도요가 델라웨어만에 도착해 투구게의 알을 실컷 먹으며 쉬고 있어요.

### 제비갈매기

북극 제비갈매기는 이동 거리가 좀 길어져도 개의치 않아요. 실제로 이들은 수천 킬로미터를 더 돌아가는 8자형 패턴을 따라간답니다. 사실 이 우회로는 제비갈매기가 바람을 타고 이동하면서 체력을 덜 소모할 수 있게 해 주는 경로예요. 해마다 제비갈매기는 이런 식으로 약 7만 킬로미터를 이동하지요.

▼ 북극 제비갈매기는 뛰어난 비행 기술과 훌륭한 체력을 가진 장거리 이동 선수예요.

북극 제비갈매기는 최대 20년을 살아요. 한 마리가 일생 동안 이동하는 거리는 약 32만 2000킬로미터 이상이랍니다. 지구에서 달까지의 거리와 거의 같지요.

# 신기한 꽃

식물은 동물과는 다른 방식으로 번식을 해요. 대부분 눈에 띄는 큰 변화 없이 번식하고, 먹고, 호흡하지요. 그래서 식물에 어떤 멋진 일이 일어나면 한층 더 특별해 보인답니다.

▲ 시체꽃이라고 불리는 타이탄아룸은 자라면서 고약한 냄새를 풍겨요. 땅에서부터 꼭대기까지의 길이가 무려 3미터나 된답니다.

## 악취를 풍기는 꽃

악취를 풍기는 타이탄아룸의 개화 시기는 예측이 불가능해요. 하지만 일단 꽃이 피기 시작하면 그야말로 장관이 펼쳐지지요. 이 열대 식물의 거대한 꽃대와 꽃은 무게가 70킬로그램이 넘는답니다. 식물 왕국에서 단연 독보적인 크기를 자랑하지요.

◀ 두껍고 가죽처럼 질긴 라플레시아 꽃잎은 하룻밤 사이에 완전히 펼쳐져 가로 길이가 107센티미터에 이르러요.

## 시체꽃

시체 썩는 냄새가 나는 것으로 유명한 라플레시아는 세상에서 제일 큰 꽃을 피워요. 하지만 꽃이 피기 전까지는 별로 눈에 띄지 않는답니다. 개화 시기는 예측할 수 없고, 완전히 핀 꽃은 며칠 만에 죽고 말지요. 라플레시아는 열대우림의 덩굴식물에 기생해서 살아가고, 작은 파리가 꽃가루를 옮겨 수분이 이루어져요.

## 무화과 잔치

거대한 무화과나무에 열매가 맺히면, 모두가 배불리 먹을 수 있는 잔치가 시작된답니다. 무화과 열매는 2년에 겨우 한 번만 열려요. 그래서 인도네시아 열대우림에 사는 긴꼬리원숭이, 마룬잎원숭이, 오랑우탄, 긴팔원숭이 같은 동물들과 수천 마리의 새들이 그 순간을 만끽하려 들지요. 그 시기에 무화과나무는 시끄러운 연회의 주인공이 되고, 몇 주 뒤 잔치는 끝이 난답니다.

▶ 회색 긴팔원숭이가 무화과나무의 나뭇가지를 타고 열매를 먹고 있어요.

죽순은 하루에 약 30센티미터 이상 자랄 수 있으며, 한 번의 성장기 동안 약 30미터에 이를 수 있어요.

## 한꺼번에 활짝!

키 큰 대나무들로 이루어진 대나무 숲에서는 30~40년마다 한 번씩 신기한 일이 벌어져요. 넓은 지역에 걸쳐 한 종의 대나무가 일제히 꽃을 피우고는 모조리 죽어 버리거든요. 이것은 과학자들도 제대로 밝혀내지 못한 독특한 현상이랍니다.

▶ 대왕판다는 대나무를 먹고 살아요. 대나무 숲에 꽃이 핀 동안 신나게 대나무를 먹던 판다들은 곧이어 대나무가 죽고 나면 굶주릴 수밖에 없게 되지요.

▶ 식충식물의 덫에 걸린 파리는 소화액에 의해 액체로 변하고 식물에게 흡수됩니다.

## 곤충을 잡아먹는 식물 (식충식물)

미국 노스캐롤라이나주나 사우스캐롤라이나주의 늪지대 덤불 속에 있는 파리지옥풀은 쉽게 눈에 띄지 않아요. 예리한 눈을 가지고 있고 유혹을 쉽게 뿌리칠 수 있다면 별문제 없겠지만, 이 식물의 꼬임에 넘어가면 큰일이 난답니다. 다른 식물들과는 달리 곤충을 잡아먹는 식물이거든요. 민감한 잎들이 덫이 되어 파리가 안으로 들어오면 눈 깜빡할 사이에 잎을 닫고 파리를 녹여 버려요.

# 포식자 사냥꾼

자연은 죽음이 언제 코앞에 닥칠지 모르는 위험한 곳이랍니다. 포식자가 사냥감을 정하고 달려들기 시작하면, 순식간에 죽음에 이르게 되지요. 강력한 포식자가 사냥을 하는 순간 역시 경이로운 광경이랍니다.

## 송골매의 사냥

송골매가 공중 다이빙을 위해 자세를 바꾸는 순간은 너무 갑작스러워서 그 장면을 보는 것 자체가 특별한 일이라고 해요. 세계에서 가장 빠른 맹금류인 송골매의 뛰어난 사냥 능력은 그들의 속도만큼이나 뛰어난 시력 덕분이랍니다. 구부러진 자세는 시속 약 320킬로미터의 속도로 이동할 수 있게 해 줘요.

▼ 눈이 앞을 향해 있는 송골매는 수직으로 공중 다이빙을 하는 동안에도 먹이를 응시할 수 있어요.

## 쥐어짜기

어떤 뱀들의 식사 시간은 아주 길어요. 그리고 몇 주 동안 먹지 않고도 살 수가 있답니다. 하지만 언제든지 먹이를 잡을 수 있는 순간이 오면 뱀은 재빠르게 공격을 합니다. 비단뱀이나 보아뱀은 먹이를 근육질 몸으로 감아 움켜쥐듯 서서히 쥐어짜요. 그러면 먹이는 곧 질식해서 죽게 되지요.

▲ 아프리카비단뱀은 땅다람쥐의 몸을 한입에 삼킬 정도로 턱을 크게 벌릴 수 있어요.

## 사냥의 성공 확률

홀로 살아가는 큰 고양잇과 동물들은 사냥할 때 잠복과 빠른 속도, 힘을 사용해요. 이들이 최고의 포식자임은 분명하지만, 먹이로 희생되는 동물들 역시 경계심과 빠른 속도, 끈질기게 버티는 힘을 기르며 생존을 위해 진화해 왔어요. 4마리 중 3마리의 치타가 사냥에 실패하며, 어떤 호랑이는 90%의 시간을 먹이 쫓는 데에만 쓰다가 결국 놓치기도 한답니다.

▶ 치타가 사냥감을 발견하고 조심스럽게 따라가며 사냥할 기회를 엿보고 있어요.

## 무리 사냥

많은 사냥꾼들처럼, 늑대들도 종종 어두울 때 사냥을 해요. 서식지인 숲은 몸을 숨기기에 좋은 환경이기 때문에 예리한 동물들도 눈치 채지 못하게 숨어 있을 수 있어요. 보통 8마리 정도가 무리를 지어 함께 사냥을 하며, 사냥에 성공하려면 모든 늑대들의 협조가 필요하지요.

▶ 무리의 우두머리인 한 쌍의 늑대가 먼저 먹이를 먹어요. 무리의 다른 구성원들은 이들의 배가 다 채워진 후에야 먹이를 먹을 수 있어요.

## 혀 공격

카멜레온의 번개같이 빠른 공격은 너무 빨라서 눈으로 확인하기가 거의 불가능해요. 이 파충류의 매우 끈적끈적한 혀는 시속 21.6킬로미터의 속도로 튀어나와요. 아주 빠르게 반응하는 파리도 이 혀의 속도를 따라갈 수가 없답니다. 결국 탈출하지 못하고 잡아먹히게 되지요.

▶ 마다가스카르 파슨카멜레온의 혀끝에는 작은 부항 같은 것이 달려 있어 먹이에 착 달라붙어요.

# 야생의 한 해

매일 매 순간 자연에서는 놀라운 일들이 일어난답니다. 생존 본능에 따라 살아가는 동물들의 세계에도 놀라운 일이 많이 생겨요. 1년 동안 전 세계 자연에서 목격할 수 있는 가장 신기한 순간들을 따라가 볼까요?

## 1월

수백 마리의 대머리독수리들이 겨울철 서식지인 미국 오레곤 클래머스 분지의 습지대에 모입니다. 이 위풍당당한 새들은 일 년 중 가장 추운 달을 얼어붙은 물 위에서 물새들을 먹으면서 보내요.

## 5월

가랑비가 내리고 높은 초목이 있는 르완다의 운무림을 4시간 정도 걷다 보면 행운이 생길 수도 있어요. 멸종 위기에 처한 마운틴고릴라 가족을 볼 수도 있거든요. 몇몇은 이미 사람에게 익숙해져, 구경꾼들이 지켜보고 있어도 계속해서 놀고먹을 거예요.

## 4월

200만 마리의 철새들이 호주 웨스턴오스트레일리아주의 브룸에 몰려들어요. 세계에서 가장 장엄한 철새 이동 경로로 꼽히는 대양주 플라이웨이를 따라 북반구까지 1만 킬로미터의 대장정을 시작하기 위해서지요.

## 8월

보르네오섬의 다눔밸리까지 가는 것은 어려운 일이에요. 하지만 열대우림 깊숙이 들어가는 여행은 충분한 가치가 있답니다. 야생 서식지가 팜유 농장으로 바뀌면서 20년 안에 멸종할 위기에 처해 있는 오랑우탄을 만나 볼 수 있거든요.

## 9월 — 명장면!

미국의 와이오밍주 옐로스톤 국립공원에서 수컷 고라니들은 발정기가 시작되면 짝짓기 경쟁을 하느라 격렬하게 싸워요.

## 10월

# 북미의 대이동

가지뿔영양과 카리부(북미산 순록)는 아메리카 대륙에서 가장 긴 이동을 하는 육지 동물이에요. 아주 오래전에는 이렇게 북미 평원을 가로지르는 동물들이 수백만 마리에 달했지만, 사람들로 인해 그 여정에 장애물이 생기면서 이동이 짧아졌어요.

## 카리부 떼의 대이동

카리부 떼는 새끼들에게 더 나은 목초지를 찾아 주기 위해, 또 겨울의 추운 날씨와 여름의 해충을 피하기 위해 5000킬로미터에 달하는 대이동을 해요. 카리부의 이동 경로는 상황에 따라 달라지기 때문에 올해의 경로는 작년과 다를 수 있어요. 카리부들은 땅 위를 걸을 뿐 아니라 물을 건너기도 해요. 그러다 보니 수영을 잘하게 되었고, 겨울에는 속이 빈 털이 나서 물에서 잘 뜰 수 있게 발달했답니다.

## 먹이를 찾아서

북미 대륙의 더 북쪽에서도 대규모 카리부 떼가 사람들의 접촉을 피해 이주를 해요. 순록으로도 잘 알려져 있는 이들은 한때 훨씬 더 남쪽으로 이동하곤 했지요. 하지만 지금은 식량과 인간이 적은 북극 툰드라 지역과 북쪽 지역을 통과한답니다.

▶ 알래스카에도 카리부 떼가 모여들어요. 인공위성이 그들의 상황을 추적해 과학자들이 이주 패턴을 기록하고 있지요.

▼ 최근까지 들소는 미국의 와이오밍주에 있는 옐로스톤 국립공원에서 보호하고 있었어요. 지금은 보호 구역 밖으로도 자유롭게 이동할 수 있도록 놔둔답니다.

## 들소의 이주 본능

미국의 와이오밍주에 있는 옐로스톤 국립공원은 들소들이 자유롭게 돌아다닐 수 있는 곳이었어요. 한때 3000만 마리에 이르던 들소들의 직계 후손들을 보호하기 위해 이곳에 보호 구역을 마련해 두었지요. 1889년에 무분별한 사냥 때문에 들소의 수가 1091마리만 남게 되었고, 들소를 멸종 위기에서 보호하기 위해 모아 두기로 했던 거예요. 하지만 본능적으로 이동을 하고 싶어 하는 들소들은 계속해서 보호 구역을 벗어나려는 시도를 해 왔답니다.

◀ 카리부 무리는 이동하는 동안 상당히 큰 강을 건너야만 해요.

## 위험한 이동

미국 와이오밍주에는 약 50만 마리의 가지뿔영양이 서식하고 있어요. 그 지역에 사는 사람들의 수와 같지요. 그런데 상업이 발전하면서 가지뿔영양이 먹이와 여름에 새끼 낳을 곳을 찾아 이동했던 경로의 80%가 사라지고 말았어요. 그래서 지금은 꼭 이동해야 하는 한 무리만 계절 변화에 따른 여정에 나선답니다. 이들은 160킬로미터에 이르는 이동 경로 도중에 수시로 어려움에 부딪히곤 하지요. 도시화와 도로 개발로 인해 자연이 파괴되었고, 새끼를 낳기 위해 이동하는 것 자체가 굉장히 위험한 도전이 되어 버렸거든요.

▼ 가지뿔영양들은 여름철을 지낼 보금자리로 이동하기 위해 복잡한 도로를 건너고 철조망 아래를 지나가야만 해요.

# 코끼리 떼의 행진

코끼리의 움직임에는 늘 목적이 있어요. 물과 식량을 찾아 이동하는 코끼리 무리들은 한뜻으로 뭉쳐 장엄한 행진을 한답니다. 똑똑한 동물인 코끼리는 사회성이 뛰어나고 가족 간 유대감이 매우 강해요.

코끼리는 저주파의 소리를 내 서로 의사소통을 해요. 발을 굴러 땅을 통해 소리를 전달하고, 구성원들은 발을 통해 소리를 듣고 이해할 수 있답니다.

▼ 아프리카의 일부 지역은 가뭄 기간이 길어지고 있어요. 그 지역의 코끼리 무리는 매일 물을 찾아 헤매고 있답니다.

## 어마어마한 먹이 양

다 자란 코끼리는 매일 160킬로그램의 먹이를 먹어야 해요. 과일을 얻기 위해 나뭇가지를 부러뜨리고, 껍질을 벗기고, 심지어 나무 전체를 쓰러뜨리기도 한답니다. 이 거대한 동물 무리들이 좁은 지역에 머물러 있으면 그곳의 나무들이 전멸할 수도 있어요. 즉, 코끼리는 넓은 영역을 필요로 하고, 그래서 살아남기 위해 계속해서 이주를 하는 것이랍니다.

## 물을 찾아 떠나는 여정

아프리카의 건조한 지역에서 물을 찾기란 힘든 일이에요. 하지만 절대적으로 물이 필요한 동물들에게 물은 이동의 강력한 동기가 되지요. 건기가 되면 강은 바닥을 드러내고, 코끼리들은 자꾸만 사라지는 물웅덩이를 찾기 위해 뜨거운 열기와 먼지 폭풍, 배고픔을 견디며 이동할 수밖에 없어요.

▶ 코끼리는 물웅덩이의 깊숙한 곳에 있는 물을 먹기 위해 코를 사용해요. 물이 있는 곳의 주변 바위에는 나트륨이 묻는데, 이 미네랄은 건조한 지역에 사는 코끼리들에게 필수적이기 때문에 코끼리들은 나트륨을 섭취하기 위해 바위를 핥기도 한답니다.

▼ 코끼리들은 물웅덩이와 인근 국립공원 사이의 안전한 경로를 따라가요. 그 광경을 보기 위해 모여드는 관광객들도 있답니다.

## 안전한 경로

아프리카에서 가장 많은 코끼리들이 서식하는 나미비아에서 이동하는 코끼리들의 미래는 밝아요. 동물 떼의 이동과 생태계, 그리고 사람들을 위한 관광지로서의 보존 가치가 높다고 평가된 이후부터 이곳에 대한 보호가 철저해지고 있거든요. 그래서 코끼리의 이동 경로는 정부에 의해 보호받고 있어요. 물론 다른 지역에 사는 코끼리들의 상황은 다르겠지요. 각 지역마다 동물을 위한 보존과 보호가 이루어져야 해요.

말리의 사헬 지대는 기온이 섭씨 49도까지 치솟는 지역이에요. 이 지역의 코끼리들은 물과 먹이를 찾아 해마다 왕복 480킬로미터를 이동해야만 해요.

▼ 매년 10월 망고나무가 열매를 맺을 때가 되면 아프리카코끼리 10마리가 호텔 로비를 지나가요. 호텔 측은 코끼리들이 통과할 수 있도록 해 주고, 호텔 고객들에게 볼거리를 제공한답니다.

## 호텔을 지나가는 코끼리들

코끼리들이 오래전부터 이용해 온 이동 경로에 호텔이 들어섰어요. 이를 알아차리지 못한 코끼리들은 호텔 로비로 곧장 들어왔지요. 사실 코끼리 떼는 맛있는 망고를 먹기 위해 수세대에 걸쳐 이용해 왔던 길을 그저 걷고 있었을 뿐이에요. 지금도 코끼리들은 그 호텔 로비를 통과해 망고나무가 있는 곳으로 향하곤 한답니다.

# 찾아보기

볼드체(굵게 표시한 것)는 주제를 설명하는 글에 해당하고,
이탤릭체(기울어지게 표시한 것)는 그림이나 사진 설명에 해당합니다.

## ㄱ

가뭄 148
가분살모사 51, *51*
가사 상태 121
가오리 104, *104*
가지뿔영양과 146, *146*
가터뱀 128, *128*
갑옷 52
가장 커다란 동물 **76-7**
가재 105
개구리 42, 43, 45, *45*, 49, *49*, 56, *56*, 75, *75*, 97, *97*, 102, *102*, 112, *112*
개미 60, *60*, 65, 66, *66*, 73, 100, 101, 111
개미핥기 46, *46*
거미류 47, *47*, 87, **88-9**, 100
거북 28, 55, *55*, 105, *105*, **122-3**
거주지 116, 117, 134
검독수리 90, *90*
게 8, 52, 65, 66, *66*, 97, *97*, 111, *111*, 139
게거미류 89, *89*
게레누크 58, *58*
고니오폴리스 하르티 14
고대 남아메리카 **34-5**
고대 뱀 **32-3**
고대 악어 **14-15**
고대 육식 동물 **16-17**, **20-1**
고대 조류 18, **26-7**, 29, 35
고대 코뿔소 **30-1**
고대 파충류 **14-15**, **18-19**, **20-1**, 28, **32-3**
고대 해양 생물 **8-9**, **12-13**, **20-1**, **38-9**
고라니 144, *144*
고래 22, 38, 56, *56*, 76, 126, 137, 145
고래상어 12
고름 48
고릴라 76, *76*, 144, *144*

고양잇과 동물 51, 57, 58, 59, 75, 76, 86, 94, **98-9**, 110, 143, 145
곰 40, *40*, 46, 50, *50*, 76, *76*, 81, *81*, 87, *87*, 96, *96*, 107, *107*, **114-15**, **118-19**, 145, *145*
곤충 46, 52, 53, 54, 60, 61, 62, 65, 66, 67, 68, 70, 71, 73, 74, 87, **100-1**, 104, 112, 113, **120-1**, 128, 129, 131, 134, 145
곰치 95, *95*
곰포테리움 37, *37*
공룡 6, *6*, 7, 14, 15, **16-17**, **22-3**, **24-5**, 103, *103*
공룡 모형 23, *23*
공룡 시대 20, 21
공생 관계 **60-1**
공작 63, *63*
공작케이티디드 52, *52*
공포새 35, *35*
광익류 8
구부러진 자세 142, *142*
구애 행동(활동) **62-3**, **132-3**, 136, *136*, 145, *145*
군대개미 66, *66*
귀 47, 59, *59*
그레이트리프트밸리 132
그리핀플라이 11
그물무늬비단뱀 32
글립토돈 35, *35*
기가노토사우루스 16, *16*
기간토피스 33
기라파티탄 23, *23*
기린 59, *59*, 77, *77*, 131, *131*
기생 동물 **60-1**, 81, **92-3**, 106, 140
긴수염고래 145
긴꼬리원숭이 141
긴팔원숭이 141, *141*
깃털 116, 133
깡충거미 47, *47*
꽃게 105
꽃차례 140
꿀(단물) 61
꿀벌 54, *54*, 100

152

꿀잡이새 61

나무늘보 34
나미비아 149
나방 47, 74, 74
나비 68, 71, **120-1**, 145, 145
나일악어 15, 15, 102, 102, 124, 124
낙엽사마귀 53, 53
낙타거미 89, 89
날개구리 45, 45
남극 96, **108-9**
남극해 116
남방긴수염고래 145
남아메리카의 거대 동물들 **34-5**
노래기 10, 11
농업에 해가 되는 곤충 134, 135
누 108, **124-5**
누 새끼 124, 124
눈표범 99
뉴질랜드 26
느림보곰 145, 145
늑대 87, 87, 143, 143
니제르 14, 15, 17

다에오돈 31, 31
닭새우 136, 136
대나무 141, 141
대왕가오리 104, 104
대왕갑오징어 136, 136
대왕고래 22, 76, 145
덩굴식물 140
데본기 8
데스스토커 전갈 89, 89
데이노테리움 37, 37
도구 사용 **64-5**

도에디쿠루스(고대 아르마딜로) 35
도둑갈매기 106, 106, 107, 108, 108
도롱뇽 32, 103, 103
도마뱀 28, 45, 45, 48, 48, 54, 54, 63, 63
독 **82-3**, 88, 89, 96, 101, 104, 105
독사 51, 51, 83, 83
독수리 47, 90, 90
독일 23
돌고래 65, 65, 126, 127
돌기 85, 85
동굴 벽화 40
동부회색캥거루 107, 107
돛새치 45, 127, 127
두건물범 63, 63
두루미 145, 145
두 발로 걷는 44
두꺼비 86, 86
둔클레오스테우스 12, 12, 94, 94
드로모르니스 스트리토니(천둥새) 29, 29
들개 67, 67
들소 41, 147, 147
들쥐 71, 71
딱정벌레 62, 62
딱총새우 112, 112
딱따구리 65, 65
딱따구리핀치 64
딸기독화살개구리 106
때까치 91, 91
떼 **134-5**
똥(배설물) 48, 49, 73, 73

라보르드카멜레온 54, 54
라플레시아 140, 140
란탐보르 호랑이 보호구역 145
랩터 90, 142
러시아 145
로노미애벌레 101

루마니아 19
르완다 운무림 144
리드시크티스 13, 13
리비아탄 **38-9**
리톱테르나목 34

### ㅁ

마다가스카르 27
마다가스카르 파슨카멜레온 143, 143
마멘키사우루스 25, 25
마사이 마라 124
마스토돈 37, 37
마운틴고릴라 76, 76, 144, 144
마코앵무새 55, 55
마크라우케니아 34, 34
말리 149
말미잘 60
말벌 60, 60, 100, 100
말뚝망둥어 44, 44
맘무투스 트로곤테리 36-7
매 142, 142
매머드 **36-7**, 40, 40, 41, 41
매미 129, 129
먹이 **48-9**, **56-7**, 60, 61, 61, 64, 65, 67, 89, **92-3**, 94, **110-11**, 117, 118, 133, **142-3**
먹이 저장 57
메가네우라 11
메가네우롭시스 11, 11
메가테리움 34, 34
메갈라니아 28, 28
메갈로돈 **38-9**
메기 104, 105, 105
메이올라니아 28, 28
메뚜기 52, 52, 67, 67, 135, 135
멕시코 36, 120, 121
멕시코자유꼬리박쥐 134, 134
멸종 21, 26, 28, 32, 40, 144
모기 92, 92

모래뱀상어 84, 84, 127
모로코 17
모사사우루스 21, 21
모아 26, 26
목 깃털 63, 63
목수개미 100
무는 힘 73
무리의 우두머리 143
무태상어 127
무화과나무 141, 141
문어 9, 65, 65
문제 해결 65
물개 57, 57, 63, 63, 68, 77, 77, 96, 106, 107, 109, 126, 130, 137, 137
물총새 45, 45
미국 14, 23, 44, 139, 144, 147
미국 애틀랜타의 펀뱅크 자연사 박물관 23
미국 오레곤 클래머스 144
미국 와이오밍 주 옐로스톤 국립공원 144, 147
미끼 공 127
민꽃게거미 89, 89
밍크고래 145

### ㅂ

바다전갈 8, 8
바다칠성상어 93, 93
바다표범 137, 137
바닷새 48
바벨 105
바실리스크도마뱀 45, 45
박쥐 47, 47, 93, 93, 134, 134
발정기 131, 144
발톱 24, 89, **96-7**, 98, 112
방어 **52-3**
방울뱀 83, 83
방추나방 129
백상아리 12, 17, 39, 73, 73, 94
백악기 16, 32

백악기 초기 14
백조 107, *107*
백합조개 55, *55*
뱀 32, 75, *75*, **82–3**, 86, 91, 128, *128*, 142, *142*, **150–1**
뱀상어 51, *51*, 127
뱀잡이수리 91, *91*
버지니아주머니쥐 53, *53*, 68
버팔로 86, *86*
번데기 120, *120*
벌 47, 54, *54*, 100, 134, *134*
벌잡이벌 112
벌잡이새 63, *63*
볏 24, *24*
베르그만의 법칙 40
베를린 자연사 박물관 23
베짜기개미 65
베짜기새 71, *71*
보라색 황제나비 145, *145*
보르네오 섬의 다눔밸리 144
보아뱀 83
보존 123, 149
복서게 111, *111*
북극 96, **108–9**, 146
북극곰 40, 46, 96, *96*, 107, *107*, 145
북극여우 108, *108*
북극 제비갈매기 139, *139*
불개미 100, 101
불도롱뇽 103
불독개미 100, *100*
붉은가슴도요 139, *139*
붉은등때까치 91, *91*
붉은캥거루 76, *76*
브라이드고래 56, *56*
브라인쉬림프 54, *54*
브라질 18
브라질 산타나 층 18
브라키노사우루스 22, *22*
비단잉어 55, *55*
비단뱀 32, 83, *83*, 142, *142*

비버 71, *71*
비티스패링고이 75, *75*
빙하기(빙하 시대) **40–1**
뻐꾸기 61, *61*, 81, *81*
뿔 25, *25*, 131, *131*
뿔도마뱀 48

사르코수쿠스 **14–15**
사마귀 53, *53*
사슴 41, 112, *112*
사자 29, 51, *51*, 75, *75*, 86, *86*, 94, *94*, 98, *98*, 108, *108*, 125
사하라 사막 14, 15
산란 118, 119, 122, 126
산소 11
살무사 75, *75*
살인벌 134, *134*
상어 12, 17, 39, 51, *51*, 73, *73*, 75, **78–9**, **84–5**, 94, 100, *100*, 127
새 27, *27*, 45, 49, 55, 57, 61, 62, 63, 64, 65, 71, *71*, 74, 76, 80, 81, **90–1**, 107, 108, 109, 113, **116–17**, 126, **132–3**, 135, *135*, **138–9**, 142, 145
새우 54, *54*, 112, *112*
샤스타사우루스 20, *20*
서발(키 큰 살쾡이) 99
석탄기 11
석탄기 숲 10
선사 시대 18, **26–7**, 29, 35
성충 120, 121
세렝게티 124
세띠아르마딜로 52, *52*
소다호 132, *132*, 133
소라게 65
소변 48
송골매 142, *142*
송곳니 83, 88, 93
송곳니를 가진(검치) 호랑이 34, 41, *41*

쇠똥구리 49, 73, *73*
수리남뿔개구리 102, *102*
수분 140
수정 119, 122
스리랑카 145
스밀로돈 34, 41, *41*
스밀로돈 포퓰라토르 41
스텝 매머드 **36-7**
스티로톤의 천둥새 29, *29*
스페인아이벡스 131, *131*
스피노사우루스 **6-7**, 17, *17*
시드니깔때기그물거미 88, *88*
시베리아 36, 40
시베리아호랑이 76, *76*
시아노박테리아 132, 133
시파카 44, *44*
싸움 **80-1**, **86-7**, **106-7**, **112-3**, **130-1**
썰매 117, *117*

악어거북 105, *105*
악질방울뱀 83, *83*
안경원숭이 59, *59*
알 25, *25*, 27, 81, 105, 112
알 구멍 122, *122*
알락꼬리여우원숭이 58, *58*
알랑카 19
알 수확 123, *123*
알래스카 36, 146
알을 낳는 기생 동물 61
알제리 14
암모나이트 9
애벌레 60, *60*, 68, *68*, 101, *101*, 120, *120*, 129, *129*
앨리게이터 가 105, *105*
앵무새 55, *55*
앵무조개류 9
야이켈롭테루스 8, *8*
야자게 97, *97*
야행성 동물 143, 145
양서류 32, 44, 49, 56, 75, 86, 97, **102-3**, 106
어룡 20
얼룩말 107, *107*, 125, *125*
엄니 36, *36*, 40, *40*, 95
에른스트 스트로머 17
에우포베리아 11, *11*
에피오르니스 막시무스 27, *27*
엘라스모사우루스 21, *21*
여우 81, *81*, 106, *106*
여우원숭이 44, *44*, 58, *58*
연골 13, 85
영국 145
영양 58, *58*, 113
오랑우탄 141, 144
오르도비스기 9
오리 80, *80*
오리너구리 96, *96*
오스트레일리아 20, **28-9**
오염 133
오우라노사우루스 15, *15*

## 아

아나콘다 32
아놀도마뱀 63, *63*
아델리 펭귄 107
아라파이마 12
아르마딜로 52, *52*
아르젠타비스 27, *27*
아르젠티노사우루스 22, *22*, 23
아르트로플레우라 10, *10*
아르헨티나 16, 22, 27, 35
아마존 거대 지네 101, *101*
아메리칸 마스토돈 37, *37*
아시아 장수말벌 100, *100*
아프리카버팔로 86, *86*
아프리카황소개구리 56, *56*
아프리카코끼리 77, *77*
아프리카거품메뚜기 52, *52*
아프리카사냥개 108, *108*
악어 15, *15*, 94, 102, *102*, 124, *124*

오징어 9, *9*, 20, 21, 136, *136*
옥색산누에나방(달나방) 101, *101*
온혈 동물 18, 38
올리브각시바다거북 **122-3**
올빼미 90
올챙이 49, 68
왕거미과 거미 88, *88*
왕풍뎅이 46, *46*
외골격 129
용각류 **22-3**, 25
울버린 97, *97*
울프피시 50, *50*
웨스턴오스트레일리아 브룸 144
웰스 메기 104, 105
위장 53, **74-5**, 89, 101, 103, 105, 106
유대류 29, 68, 76, *76*
유럽벌잡이새 63, *63*
유인원 64, *64*, 76, *76*
의사소통 148
이집트 17
이집트대머리수리 64, *64*
이카딥테스 26, *26*
익룡 **18-19**
인 125
인도 145
인도 순데르반 호랑이 보호구역 145
인도코브라 82
일본 145
일본왕도롱뇽 103, *103*
임팔라 61, *61*
임페리얼나방 74, *74*
잎꼬리도마뱀붙이 74, *74*

자연도태 21
자외선 47
자이언트판다 68, *68*, 141, *141*
자칼 57

잠수(다이빙) 117, *117*, 142, *142*
장비류 36
재규어 75, 99, *99*
적외선 47
적응 **58-9**
전갈 8, *8*, 10, *10*, 89, *89*, 100, *100*
전기뱀장어 113, *113*
전류 감지 감각 84
점액 48
정어리 **126-7**
제왕나비 **120-1**
조개 8, *8*, 52, 55, *55*
조류의 새끼 117, 138
조르주 퀴비에 21, *21*, 34
주머니쥐 53, *53*, 68
찌르레기 61, *61*
중국 25, 145
중생대 20
중신세 38
쥐 71, *71*
지네 11, 101, *101*
지구의 자기장 121
진딧물 60, *60*
진화론 21, 34
질병 92
집짓기 **70-1**
짝짓기 81, 95, 96, 112, 113, 116, 119, 121, 128, 129, 131, 136, 139, 144
짧은얼굴곰 40, *40*

차코뿔개구리 75, *75*
찰스 다윈 21, 34, 97
참치 126
채찍전갈 100, *100*
천막벌레나방 129, *129*
천산갑 52
청개구리 **42-3**

청둥오리 80, *80*
청벌 112, *112*
청새치 126
체지방 6, 8, 121, 130, 138
초식 동물 14, 25, 31, 34, 36
치어(연어 새끼) 119, *119*
치타 58, *58*, 98, *98*, 143, *143*
침(spit) 48
침(sting) 100
침팬지 64, *64*

## ㅋ

카라칼 98, 99
카르카로돈토사우루스 17, *17*
카리부 **146–7**
카메로케라스 9, *9*
카멜레온 54, *54*, 143, *143*
카이만 99, *99*
캐나다 145
캥거루 28, 59, *59*, 68, *68*, 76, *76*, 113, *113*
케냐 보고리아 호수 132, *132*
케라틴 25
케이프 가넷 126, *126*
케찰코아틀루스 18, *18*, 19
코(주둥이) 92, 120, *120*
코디악불곰 76, *76*
코모도왕도마뱀 48, *48*, 103, *103*
코브라 62, *62*
코스타리카 오스티오날 122, 123
코알라 68
코주부원숭이 59, *59*
코끼리 36, 37, 40, 55, *55*, 59, *59*, 72, *72*, 77, *77*, 80, *80*, 81, **148–9**
코끼리거북 55
코끼리바다표범 77, *77*, 130, **130–1**, 131
코끼리새 27, *27*
콘도르 49, *49*, 57, *57*, 64, *64*
코뿔소 35, 40, *40*, 47

콜롬비아 20, 33
쿠키커터 상어 84, *84*
크로노사우루스 20, *20*
큰개미핥기 46, *46*
큰군함조 62, *62*
큰뒷부리도요 **138–9**
큰쏙독새 74, *74*
킹코브라 82, *82*
킹펭귄 109, *109*

## ㅌ

타란툴라호크말벌 87, *87*
타이탄아룸 140, *140*
타이팬 82, *82*
타조 27, 76, *76*, 91, *91*
태국물장군 104, *104*
태즈메이니아데빌 94
터키콘도르 49, *49*
턱 **94–5**, 98, 104
털북숭이개구리 97, *97*
털코뿔소 40
테라트론(천둥새) 27, *27*
테리지노사우루스 24, *24*
토마토뿔벌레 60, *60*
토끼 62, *62*
톡소돈 35, *35*
투구게 139
투망거미 88
투소테우티스 9
툰드라 138, 146
튀니지 14, 17
트로페오그나투스 18, *18*
트리케라톱스 25, *25*
티라노사우루스 렉스 16, *16*, 73, 94, 103, *103*
티타노보아 **32–3**
틸라콜레오 29, *29*

## ㅍ

파도 사냥 111, *111*
파라사우롤로푸스 24, *24*
파라케라테리움 **30–1**
파라푸조시아 9, *9*
파리지옥풀 141, *141*
파충류 45, 48, 50, 51, 54, 55, 63, 74, 75, **82–3**, 86, 102–3, 105, **122–3**, 124, 128, 142, **150–1**
판다 68, *68*, 141, *141*
팔라에오피스 33
팔라우 136
페루 탐보파타 강 145
페름기 32
페름기 초기 11
페루 38, 145
페로몬 46, 92
펭귄 26, 45, 107, **116–7**, 126
포루스라코스류 35
포식자 **50–1**, 124, 125, 126, 127, 133, 137, **142–3**
포유류 29, 30, 31, 34, 38, 39, 44, 46, 47, 50, 51, 52, 53, 55, 56, 57, 58, 61, 62, 63, 64, 65, 67, 68, 69, 71, 72, 75, 76, 77, 80, 81, 86, 87, 95, 96, 97, 106, 107, 108, 109, 110, 111, 114, 118, 124, 125, 130, 131, 134, 137, 141, 143, 144, 145, 146, 147
폭탄먼지벌레 113, *113*
표범 57, *57*, 75, 98
풀모노스코르피우스 10, *10*
풍뎅이 46, *46*, 131, *131*
프레리도그 70
프로콥토돈 28, *28*
프리오노수쿠스 32, *32*
플라밍고 **132–3**
플라티케라무스 8, *8*
플랑크톤 13, 127
피라냐 47, 67
핏줄문어 65, **65**

## ㅎ

하루살이 54, *54*, 128, *128*
하마 95, *95*
하이에나 57, 94, 95, *95*, 133, *133*
하체곱테릭스 19, *19*
해삼 48
해양 파충류 **20–1**
해양 호수 136
해조류 137
해파리 136
향유고래 38
허먼 멜빌 38
헤라클레스 장수풍뎅이 131, *131*
헬리코프리온 13, *13*
혈액 **48–9**, 52, 53
호랑이 41, 59, *59*, 75, 76, *76*, 143, 145, *145*
혹등고래 145, *145*
홍게 66, *66*
홍엽조 135, *135*
화석 11, 13, **14–15**, 16, 17, 19, 21, 22, 23, 25, *25*, 27, 28, 29, 30, 33, 34, 35, *35*, 38
화식조 90, *90*
활공 45
황소개구리 56, *56*
황소상어 127
황제펭귄 26, 107, **116–17**
회색곰 40, 50, *50*, 118, *118*
후탈롱코사우루스 22, *22*
흡혈 **92–3**
흡혈박쥐 93, *93*
흰개미 70, *70*
흰꼬리사슴 106
흰동가리 60, *60*
흰등독수리 57, *57*
흰머리독수리 144, *144*
흰수염누 125, *125*
히아에노돈 31, *31*
힘 **72–3**, 130

# 최강 동물 백과

**초판 3쇄 발행** 2025년 1월 31일 | **지은이** 마일즈켈리 편집부 | **옮긴이** 김지연
**펴낸곳** 보랏빛소 | **펴낸이** 김철원 | **책임편집** 김이슬 | **편집** 김시경 | **마케팅·홍보** 이운섭 | **디자인** 김규림
**출판신고** 2014년 11월 26일 제2015-000327호 | **주소** 서울시 마포구 양화로1길 29 2층
**대표전화·팩시밀리** 070-8668-8802 (F)02-323-8803 | **이메일** boracow8800@gmail.com

IISBN 979-11-90867-84-9 (74030)

First published in 2015 by Miles Kelly Publishing Ltd
Harding's Barn, Bardfield End Green, Thaxted, Essex, CM6 3PX, UK
Copyright @ Miles Kelly Publishing Ltd 2015
All rights reserved.
No part of this publication may be reproduced, stored in a retrieval system,
or transmitted by any means, electronic, mechanical, photocopying, recording,
or otherwise, without the prior permission of the copyright holder.

KOREAN language edition ⓒ 2022 by Borabit So Publishing Co.
KOREAN language edition arranged with Miles Kelly Publishing Ltd. through POP Agency, Korea.

- 이 책의 한국어판 저작권은 팝 에이전시(POP Agency)를 통한 저작권사와의 독점 계약으로 보랏빛소가 소유합니다.
  신 저작권법에 의하여 한국 내에서 보호를 받는 저작물이므로 무단전재와 무단복제를 금합니다.

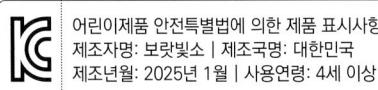

어린이제품 안전특별법에 의한 제품 표시사항
제조자명: 보랏빛소 | 제조국명: 대한민국
제조년월: 2025년 1월 | 사용연령: 4세 이상